Helmut Wagner

Hans Riedler – Lebenslänglich Aktivist

Engagiert für bessere Lebens-Chancen und soziale Gerechtigkeit.

Gedruckt mit freundlicher Unterstützung von:
Direktion Kultur des Landes Oberösterreich – Institut für Kunst und Volkskultur
Kulturamt der Stadt Linz

Bibliografische Information der Deutschen Bibliothek
Die Deutsche Bibliothek verzeichnet diese Publikation in der Deutschen Nationalbibliografie;
detaillierte bibliografische Daten sind im Internet über http://dnb.ddb.de abrufbar.

Das Werk einschließlich all seiner Teile ist urheberrechtlich geschützt. Jede Verwertung außerhalb der
engen Grenzen des Urheberrechtsgesetzes ist ohne Zustimmung des Verlages unzulässig und strafbar.
Das gilt insbesondere für Vervielfältigungen, Übersetzungen, Mikroverfilmungen und die Einspeicherung
und Verarbeitung in elektronischen Systemen.

Alle Rechte vorbehalten — Printed in Austria
Wagner Verlag, DDr. Helmut Wagner, Harrachstraße 7, 4020 Linz
office@wagnerverlag.at · www.wagnerverlag.at
Layout und Grafik: Brot & Butter Werbeagentur/Illustration
Dipl. Grafiker Werner Andraschko, Eva Maria Litringer · www.andraschko.co.at
Lektorat: Mag.ª Claudia Riedler-Bittermann
Druck: Trauner-Druck GmbH & Co KG, Köglstraße 14, 4020 Linz
ISBN 978-3-902330-85-7
Linz 2013

Helmut Wagner

Hans Riedler –
Lebenslänglich Aktivist

Engagiert für bessere Lebens-Chancen und soziale Gerechtigkeit.

Wagner Verlag 2013

Gewidmet meiner lieben Eva,
unseren Kindern Claudia, Elisabeth, Michael, Florian
und unseren Enkelkindern Luisa und Luca,
Valentina und Annika, Martha und Michael

Inhalt

	8	Vorwort Josef Mayr
	11	Vorwort Josef Ackerl
	12	Danke Hans Riedler

Einleitung
14

1 Kindheit und Jugend

- 17 Herkunftsfamilie
- 23 Autospenglerlehre und KAJ-Laakirchen
- 27 Habt Acht!
- 29 „… dann musst du studieren"

2 „Aktivist" – Beruf und Berufung

- 33 Anfänge der Katholischen Arbeiterjugend in Linz und Oberösterreich
- 37 Diözesansekretär der Katholischen Arbeiterjugend/Linz
- 40 Nationalleiter/Nationalsekretär der Katholischen Arbeiterjugend Österreichs
- 40 Bundeskongress der Kath. Arbeiterjugend Österreichs – Innsbruck 1971
- 47 Diözesansekretär der Katholischen ArbeitnermerInnenbewegung in Linz und Betriebsrat im Pastoralamt

3 Arbeiten wie ein Zölibatärer – Leben in Ehe und Familie

- 53 Kirchliches Engagement in Verbindung mit Ehe und Familie
- 55 Meine KAJ/KAB-Partnerschaft
- 59 Der „Qualitätspapa"
- 63 Wohnprojekt Hofmannstraße
- 69 Familienzuwachs: Pflegekinder und Wahlsohn mit afrikanischen Wurzeln

4 Eine neue berufliche Ära – projektorientiert

- 73 Zentrum für arbeitslose Jugendliche „B7"
- 78 Bischöfliche Arbeitslosenstiftung
- 84 Armutsnetzwerk Oberösterreich

5 Soziales Engagement auf Lebenszeit

- 89 „Zwischenbilanzfest"
- 93 Leserbriefschreiben als Apostolat
- 102 Kirchliche Beheimatung in der Christlichen Betriebsgemeinde Voest
- 109 Cardijn Verein
- 112 Sozialstammtisch
- 115 Sozialstaatsvolksbegehren 2002
- 117 Entwicklungspolitisches Engagement – Südwind OÖ
- 118 KAJ – Spurensicherung
- 121 Die Theologie Hans Riedlers

6 Erweiterte Dimensionen des Lebens

- 125 Opa-Sein macht viel Freude
- 128 Ganz BIO! Gartenhaus in der Kleingartenanlage Riesenhof
- 131 Gipfelsieg! – Besteigung des Großglockners 2011
- 133 Welt erkunden

7 Zeichen der Anerkennung

- 137 Menschenrechtspreis, Solidaritätspreis der Kirchenzeitung etc.

8 Anhang

- 141 Endnoten
- 141 Literaturverzeichnis
- 142 Fotonachweis
- 142 Abkürzungsverzeichnis

„Mein Weggefährte Hans Riedler"

Ich freue mich, dass der Wagner-Verlag zum 75. Geburtstag von Hans Riedler ein Buch herausbringt. So wird sein Einsatz für seine Mitmenschen, besonders für die Menschen im unteren Segment der Gesellschaft in entsprechender Weise gewürdigt.

Als ich ihn 1956 als jungen Aktivisten der KAJ Laakirchen kennen lernte, habe ich nicht geahnt, dass wir beide auf unserem weiteren Lebensweg so viel gemeinsam arbeiten und verwirklichen können.

Kaum war ich als Diözesanseelsorger der KAJ nach Linz übersiedelt, traf ich auch Hans Riedler wieder. Er arbeitete in der Land- und Forstwirtschaftlichen Sozialversicherung und besuchte die Arbeitermittelschule.

1964 konnte ich ihn als Diözesansekretär der KAJ gewinnen. Als ich zusammen mit Maria Madlener das Betriebsseminar zunächst als gesamtösterreichisches Bildungshaus für die weibliche KAJ gründete, war es Hans Riedler, der sich dafür einsetzte, das es bald auch schon einen Dreimonatskurs für die männliche KAJ gab.
1967 übersiedelte er an die Bundesstelle nach Wien, zuerst als Nationalleiter der KAJ, ab 1971 in der Funktion als hauptamtlicher Nationalsekretär.
Dort kreuzten sich wiederum unsere Wege, denn ich war schon seit 1962 Zentralseelsorger der weiblichen KAJ und ab 1971 Bundesseelsorger der gesamten Kath. Jugend.
In den stürmischen Zeiten der ersten Siebziger Jahre waren wir Leidensgenossen in den Konflikten, die nach dem KAJ-Kongress 1971 mit den Bischöfen ausgetragen wurden.
Spätestens damals entwickelte er seine Fähigkeit als hartnäckiger, aber immer auch kompromissbereiter Verhandler. Diese Fähigkeit, gepaart mit Ehrlichkeit und Liebenswürdigkeit war ein wesentlicher Grund für seine weiteren Erfolge.

Die gesellschafts- und kirchenkritische Phase der Katholischen Arbeiterjugend war ein Stachel im Fleisch der damaligen Kirche. Manche der damaligen Anfragen und Positionen der Jugend wurden später auch Fragen und Positionen der Erwachsenen.
Die KAJ hat z.B. schon damals das Motto „Option für die Armen" auf ihre Fahnen geschrieben.

Damals als „zu weit links" kritisiert, wurde es zwei Jahrzehnte später als Grundposition in den Sozialhirtenbrief der Bischöfe Österreichs aufgenommen.

1973 kehrte Hans Riedler nach Linz zurück und wurde zum Diözesansekretär der Katholischen Arbeitnehmerbewegung bestellt.
Als Referent für Betriebsseelsorge war ich auch in Linz wieder mit ihm im gemeinsamen Büroverband.
Die intensivste Zeit unserer Zusammenarbeit begann aber, als ich ihn 1986 gewinnen konnte, die Leitung des B7, des ersten Zentrums für junge Arbeitslose in der Bischofstraße in Linz zu übernehmen.
Zusammen haben wir die Gründung der Bischöflichen Arbeitslosenstiftung vorbereitet. Riedler wurde ihr erster Geschäftsführer. Bischof Maximilian Aichern stand mit seiner ganzen Person als Gründer und Förderer dahinter.
Die Liebe und Solidarität mit den Arbeitern, die Hans Riedler seit seiner Jugend entwickelt hat, konnte er im Einsatz für die Arbeitslosen noch verdoppeln.

Er verstand es im guten Kontakt mit den Politikern, besonders mit Soziallandesrat Josef Ackerl, immer wieder Fördermittel für Arbeitslosenprojekte zu bekommen. Seine besondere Stärke war auch die Zusammenarbeit mit allen Personen und Einrichtungen, die sich für die Arbeitslosen einsetzen.

Auch nach seiner Pensionierung hat er sich in vielfältiger Weise engagiert und sich in vielen Leserbriefen, bei Veranstaltungen und Diskussionen für eine gerechte Verteilung von Arbeit und Einkommen und für solidarisches Handeln in Kirche und Gesellschaft eingesetzt.

Ich danke Helmut Wagner für die Herausgabe dieses Buches und gratuliere ihm und Hans Riedler zu diesem gelungenen Werk.

Josef Mayr

Langjährige Weggefährten: Hans Riedler und Josef Mayr bei einer Wallfahrt auf den Pöstlingberg.

Es genügt nicht,
zum Fluss zu kommen
mit dem Wunsche,
Fische zu fangen,
man muss auch das Netz
mitbringen.

Chinesisches Sprichwort

Vorwort

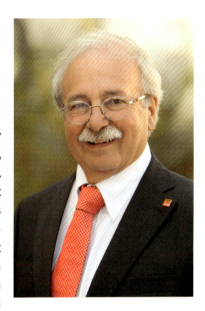

Hans Riedler ist mir seit meiner Zeit als Jugendlicher in der Katholischen Arbeiterjugend bekannt und ich habe ihn immer, auch in der späteren Phase seines und meines Lebens, geschätzt. Hans Riedler ist ein wahrhaftig christlicher Mensch und erfüllt davon, Gerechtigkeit auf der Basis des Inhaltes des Evangeliums zu bewirken. Sein Einsatz für unzählige Menschen in Notsituationen, sowohl individuell, als auch für heterogene Gruppen, ist legendär. Viele der in Oberösterreich noch immer wirksamen Projekte würde es ohne Hans Riedler so nicht geben. Er ist ein unermüdlicher Kontakter, der keine Gelegenheit, gleich wo auch immer, auslässt, um auf die für ihn wichtigen Anliegen aufmerksam zu machen. Für ihn wichtige Anliegen sind aber in der Regel keine, die die Person Hans Riedler betreffen, sondern üblicherweise geht es um Menschen in sehr schwierigen, oftmals geradezu schlimmen Lebenssituationen. Hans Riedler hat in seinem ganzen bisherigen Leben der Gemeinschaft wesentlich mehr gegeben, als er von ihr bekommen hat. Daher ist es nur gut und richtig, zu seinem 75sten Geburtstag in Buchform eine bleibende Würdigung durchzuführen.

Ich wünsche Hans Riedler und uns, dass auch in Zukunft einige seiner Ziele umgesetzt werden können und wir eine soziale, bessere und menschenfreundlichere Gesellschaft gestalten können.

Landeshauptmann-Stv. Josef Ackerl

„Ich bin stolz, Kind einer Arbeiterfamilie zu sein."

Hans Riedler

Meine Wurzeln

Danke

Ich blicke mit Dankbarkeit und Freude auf meine 75 Lebensjahre zurück und bin stolz, Kind einer Arbeiterfamilie zu sein. Ich danke meinen Eltern, dass sie mir das Leben geschenkt haben. Ich danke meinen Geschwistern, Verwandten, Freunden, Bekannten und besonders auch meiner Stiefmutter für die spürbare Zuwendung und Unterstützung, vor allem nach dem frühen Tod meiner Eltern.

Ich danke allen, die mich auf meinem bisherigen Lebensweg begleitet und unterstützt haben: ganz besonders Lambert und allen anderen KAJ-Jugendfreunden aus Laakirchen, meinem jahrelangen Mentor und geistlichen Begleiter Joe Mayr, allen meinen Freundinnen und Freunden in der KAJ, KAB und Betriebsseelsorge, meinen vielen Arbeitskolleginnen und Kollegen als Autospengler und während meiner 37 Jahre im kirchlichen Dienst im Pastoralamt der Diözese Linz und im Katholischen Jugendwerk Österreichs, in der Arbeitsloseninitiative „B7" und der Bischöflichen Arbeitslosenstiftung sowie unseren Fördergebern, allen voran Landeshauptmann Dr. Josef Pühringer, Landeshauptmann-Stv. Josef Ackerl, AMS-Geschäftsführer von OÖ Dr. Roman Obrovski und allen ihren Mitarbeitern und Mitarbeiterinnen sowie den Verantwortlichen zahlreicher Arbeitslosenprojekte und Sozialeinrichtungen und unseren BündnispartnerInnen bei den diversen Aktionen und Veranstaltungen.

Besonders bedanken möchte ich mich auch bei Bischof em. Maximilian Aichern für die mir gegenüber oft zum Ausdruck gebrachte Wertschätzung und Unterstützung meines Engagements für Menschen mit weniger Teilhabechancen und die dadurch entstandene freundschaftliche Verbundenheit.

Ich danke meiner lieben Eva, dass sie nun bereits mehr als 40 Jahre Freud und Leid mit mir teilt und dass wir bisher alle Höhen und Tiefen gemeinsam gut bewältigt haben. Ich bin stolz auf unsere Kinder Claudia, Elisabeth, Michael und Florian und freue mich auch sehr über unseren Familienzuwachs Samuel und Faith aus Afrika. Besonders begeistert bin ich von unseren Enkelkindern Luisa und Luca, Valentina und Annika sowie Martha und Michael.

Ich danke allen, die mitgeholfen haben, dass dieses Buch entstehen konnte, besonders meinem Freund, dem Autor und Verleger Helmut Wagner, unserer Tochter Claudia für das Lektorat, Werner Andraschko und Eva Litringer für das Layout und der Voestgemeinde, dass ich dieses Buch anlässlich meines 75. Geburtstages im Treffpunkt mensch & arbeit, Standort voestalpine, präsentieren darf.

Ich blicke dankbar und mit Optimismus in die Zukunft.

Hans Riedler   Linz, Oktober 2013

Einleitung

Eine Biografie zu schreiben scheint auf den ersten Blick einfach. Man beginnt bei der Geburt und arbeitet sich durch bis in die Gegenwart. In Wirklichkeit ist diese Aufgabe viel komplizierter. Wie ist es möglich, die Lebensgeschichte eines Menschen an Hand seiner Erinnerungen „richtig" darzustellen? Wie kann ein Autor für eine „Rekonstruktion" des Lebens eines Menschen Vollständigkeit oder Richtigkeit beanspruchen? Verstellt nicht die eigene Geschichte des Autors die Sicht auf die Person, über die er schreibt? Läuft man beim Schreiben nicht Gefahr, die sympathischen Seiten zu glorifizieren? Was soll mit den ungereimten Seiten der zu biografierenden Person geschehen? Fragen über Fragen.

Mit dem Bemühen um nüchterne Sachlichkeit einerseits und Empathie andererseits ist es hoffentlich gelungen, markante Wesenzüge der Person und bestimmende Stränge im Leben Hans Riedlers zu skizzieren. Wie das Leben jedes Menschen ist die Lebensgeschichte Hans Riedlers das Ergebnis vorgefundener Lebensumstände, zufälliger Fügungen und eigener Lebensgestaltung. Die Darstellung dieser Biografie ist allerdings eine Konstruktion: eine Konstruktion der Erinnerungen des Zeitzeugen und eine Konstruktion des Autors zu einer schriftlichen Darstellung. Nicht einmal auf die eigene Erinnerung ist Verlass. Bei manchen Passagen werden Personen, die dieselben Ereignisse miterlebt haben, andere Erinnerungen haben. Grundlage für die Biografie Hans Riedlers waren einerseits viele Gespräche, andererseits eine Fülle von schriftlichen Quellen aus seinem Privatarchiv.

Über vielen Stationen seines Lebens steht eine unsichtbare Überschrift: Joseph Cardijn und die Katholische Arbeiterjugend, vor allem Joseph Cardijns mutmachende Botschaft an die jungen ArbeiterInnen, „mehr wert als alles Gold" zu sein! Aber es gibt auch Personen, die ihn fast sein ganzes Leben begleiten: Das ist seine Familie, seine Frau und die Kinder, und das ist der Priester Josef (Joe) Mayr. Der KAJ-Seelsorger Josef Mayr hat in Hans Riedler so etwas wie den Prototypen eines „Aktivisten" gefunden. In fast allen Stationen seiner kirchlich-beruflichen Laufbahn hat er den Anstoß gegeben – oder wie Riedler es sagt: Mayr hat ihm immer wieder eine neue Aufgabe „zugetraut".

Dass Riedlers Biografie eine Biografie eines zutiefst kirchlichen Menschen ist, hat auch mit der KAJ zu tun. Diese Bewegung ist ihm jene Kirche geworden, in der er erlebte, dass seine Talente und Fähigkeiten gefragt sind. Was kann einem Menschen besseres passieren?

Hans Riedler kannte persönlich noch alle Pioniergestalten der Katholischen Arbeiterjugend. Nach Jahrzehnten des kirchlichen Engagements ist er selbst zu einer Pioniergestalt geworden. Die Würdigungen und verliehenen Preise geben Zeugnis davon.

Die vorliegende Biografie wurde im Bemühen verfasst, nicht nur die Geschichte eines Menschen zu schreiben, sondern diese Lebensgeschichte in die jeweiligen kirchlichen und gesellschaftlichen Zeitumstände hineinzustellen. Der Leser und die Leserin erfahren also nicht nur eine Lebensgeschichte, sondern auch Zeitgeschichte.

Drei Kapitel des Buches stammen nicht vom Autor, sondern sind aus der Feder von Mitgliedern der Familie Riedler entstanden – der Artikel von Eva Riedler, seiner Frau, über ihr Leben mit Hans Riedler, weiters der Artikel der Kinder über ihren Papa Hans Riedler und schließlich der Artikel von Hans Riedler über seine Rolle als Opa.

Ich danke Josef Mayr für die Durchsicht des Manuskripts und Claudia Riedler für das Lektorat.

Hans Riedler ist 75 Jahre alt und ungebrochen aktiv. Vieles von dem, was er in den vergangenen 10 Jahren getan hat, liest sich ganz und gar nicht wie das Leben eines Pensionisten. Ich glaube, er hat noch viel vor.

Helmut Wagner   Linz, Oktober 2013

Das erste Foto von Hans Riedler

Kindheit und Jugend

Herkunftsfamilie

Die Hochzeit von Elisabeth und Johann Riedler am 19. November 1935

Es war ein besonderer Moment, als der Gründer der Welt-KAJ, der belgische Priester Josef Cardijn, im Jahr 1954 in Mariazell 7.500 österreichischen Jungarbeitern zurief: „Nicht Sklaven, nicht Maschinen, nicht Lasttiere seid ihr. Ihr seid Söhne und Töchter Gottes." Einer unter den Tausenden jugendlichen Zuhörern, die aus allen Teilen Österreichs gekommen waren, war der 16-jährige Hans Riedler. Die Worte, deren volle Tragweite er damals vielleicht noch nicht erfasste, bewegten ihn und er fühlte sich an- und ernstgenommen. Cardijns Worte, die auch sämtliche österreichische Bischöfe und Bundeskanzler Julius Raab hörten, waren nicht Phrasen eines „Sonntagsredners", sondern da sprach einer, der von der Liebe zur Arbeiterjugend durchdrungen war.

Die Katholische Arbeiterjugend in Laakirchen, über die Hans Riedler nach Mariazell gekommen war, war zu diesem Zeitpunkt längst seine Heimat, vielleicht auch ein Stück Familie geworden. Man erzählt sich, dass Hans als Jugendlicher kaum zu Hause anzutreffen war. Er und eine Reihe anderer Jugendlicher trafen sich nach der Arbeit in der KAJ-Gruppe in der Pfarre und anschließend im Gasthaus, um einander zu berichten und zu erzählen. Die Gruppe (KAJ-Aktivistenrunde) wurde eine starke, unzertrennliche Gemeinschaft, verbunden durch viele Aktionen und Aktivitäten – und immer unterwegs. Hans Riedler erinnert sich: „Wir – sechs junge Arbeiter – trafen uns wöchentlich, begannen mit einem kurzen Gebet, lasen die bei der letzten Runde vereinbarte Evangelienstelle und tauschten dazu unsere vorbereiteten Gedanken aus, berichteten von unseren Vorsätzen und übernommenen Aufgaben, erzählten uns den „Film der Woche" (was in der vergangenen Woche los war), wir vereinbarten neue Vorsätze, Aufgaben und Untersuchungsthemen und beendeten jede Runde mit einem Gebet für eine bestimmte Person bzw. für ein aktuelles Anliegen."[1]

[1] Hans Riedler in einem Gespräch mit dem Autor.

Elisabeth Riedler mit ihren Kindern Elisabeth, Rudolf und Hans (von links)

Die wenig ausgeprägte Familienidylle Hans Riedlers (*27.10.1938) hatte auch familiengeschichtliche Gründe. Hans Riedler, getauft auf die Namen Johann Anton, das zweite Kind von Elisabeth (*1905) und Johann Riedler (*1908), die 1935 geheiratet und in Oberweis b. Gmunden (Gemeinde Laakirchen) ein Haus auf Leibrente erworben hatten, war erst fünfeinhalb Jahre alt gewesen, als am 24. Februar 1944 – während der Vater im Krieg war – die Mutter im Alter von 39 Jahren plötzlich starb. Hans' ältere Schwester Elisabeth erinnert sich: „Plötzlich hielt sie sich mit beiden Händen den Kopf und sank zu Boden. Wir Kinder wussten gar nicht, was geschah und was wir tun sollten. Sie konnte nur stöhnen und brachte kein klares Wort heraus. Im Laufe des Vormittags schickten mich dann Nachbarn mit einem Zettel zur Post nach Oberweis, wo sie wohl telegrafisch einen Arzt verständigten. Dieser kam gegen Abend und meinte, wenn es bis morgen nicht besser werde, müsste man doch die Rettung verständigen. … Heute bin ich sicher, dass es ein Gehirnschlag war und dass sie vielleicht gerettet worden wäre, wenn sie schneller Hilfe bekommen hätte. So haben wir halt gewartet, bis durch Zufall Verwandte mit einem Pferdeschlitten vorbeigefahren sind. Es war der ‚Hiasl Franzl' mit seiner Schwester Resl, die dann alles weitere veranlassten. Ich sehe noch das Bild vor mir, wie unsere Mutter uns weinende Kinder angeschaut hat und wie sie gestammelt hat: ‚Betet, dass ich wieder heim komme!' Ich erinnere mich, dass wir am nächsten Tag ins Krankenhaus zur Mutter gingen. Sie lag da und kannte uns gar nicht mehr. … Am Tag darauf, es war der 24. Februar 1944, erfuhren wir, dass sie gestorben ist."[2]

Vater Johann Riedler war nicht da, er war seit 1939 im Krieg. Was bei Schicksalsschlägen – besonders bei Kindern – heute mit psychologischer Unterstützung versucht wird aufzuarbeiten, mussten die Riedler-Kinder alleine bewältigen. Aber irgendwie musste es ja weitergehen. Von Amts wegen wurde dem fünfjährigen Hans, seiner siebenjährigen Schwester Elisabeth (*1937) und seinem vierjährigen Bruder Rudolf (*1940) von der Nationalsozialistischen Volkswohlfahrt eine Fürsorgerin zugeteilt, die mit den Kindern das Elternhaus in Oberweis bei Laakirchen bewohnte. „Irgendwoher schickte man uns" – erinnert sich Elisabeth – „eine so genannte Fami-

---

[2] Schriftlicher Bericht der Schwester Hans Riedlers, Elisabeth, entnommen: Hans Riedler: „Dankbar blicke ich auf 70 Jahre zurück" (Manuskript).

Das Arbeiten hat Hans, hier im Vordergrund, schon zwischen 5 und 14 Jahren beim Hiaslbauern gelernt. Diese Zeit war prägend für sein weiteres Leben

lienhelferin, die kam mit einem kleinen Mädchen zu uns. Ich habe keine gute Erinnerung an sie. Wir waren immer eingesperrt, wenn sie nicht daheim war – und sie war oft nicht daheim."[3] Unter der Aufsicht dieser „Familienhelferin" verwahrlosten die Kinder zusehends und ihr Gesundheitszustand verschlechterte sich so sehr, dass sie in das Krankenhaus Wels eingeliefert werden mussten. „ ... es war etwas fürchterlich Juckendes und Eitriges auf der Haut. Wir mussten alle ins Spital".[4] Alle drei Riedler-Kinder sowie die Familienhelferin und deren Kind waren an Krätze (Scabies) erkrankt. Nachdem die NSV-Schwester aufgrund von Interventionen der Nachbarn abgezogen und angeblich in ein Arbeitslager geschickt worden war, nahmen sich Verwandte und Bekannte um die drei Kinder an. Hans, noch keine sechs Jahre alt, wurde vom kinderlosen Hiasl-Bauern in Gschwandt „in Pflege" genommen, während die anderen zwei bei Verwandten Aufnahme fanden. So hatten die „elternlosen" Kinder alle ein vorüberge-

Die ganze Familie im Jahr 1951 oder 1952

[3] Ebd.
[4] Ebd.

„Nur die Arme streckte er mir entgegen und jetzt wusste ich, wer er war – mein geliebter Vati!"

hendes Zuhause gefunden, wenn sie auch auf die Nestwärme und auf Geborgenheit verzichten mussten. Elisabeth, die Älteste, erinnert sich: „Ich fragte oft nach meinem Vater. Anfangs bekamen wir von Zeit zu Zeit Post von ihm, aber plötzlich nichts mehr." Der Vater war zu Kriegsende 1945 in russische Gefangenschaft gekommen und konnte erst 1946 nach Hause zurückkehren. Erst jüngere Forschungen machen die Schwierigkeiten familiärer Situationen deutlich, wenn jahrelang abwesende Ehegatten, Väter oder Söhne in die Familie zurückkehrten. Auch Elisabeth, die Schwester von Hans, erschrak, als „ein völlig zerzauster, abgemagerter, bärtiger Mann unter der Türe stand. Er hatte einen langen, schweren Soldatenmantel an, dreckige, kaputte Stiefel, am Kopf ein schräges Militärkapperl und einen Rucksack am Buckel, an dem so ein grüner Blechnapf hing. Als ich genauer hinschaute, sah ich, dass ihm Tränen übers Gesicht liefen und er keinen Ton herausbrachte. Nur die Arme streckte er mir entgegen und jetzt wusste ich, wer er war – mein geliebter Vati!" Das Alltagsleben nahm zusehends wieder Gestalt an. Kurz nach seiner Heimkehr heiratete Johann Riedler seine zweite Frau Anna. Er hatte sie schon früher gekannt und weil er hörte, dass sie noch frei war, „machte er sich an sie heran. Mit Erfolg!"

Es gab also wieder eine vollständige Familie. Die Kinder bekamen eine neue „Mutti" und eine Stiefschwester – Maria („Mitzi"). Das Elternhaus war wieder bewohnt. Im Laufe der nächsten Jahre wuchs die Familie um zwei weitere Kinder – Anni und Veronika – an.

Wer so viel wie unsere Mama gearbeitet hat, darf nach 50 Jahren auch einmal rasten.

Der inzwischen siebenjährige Hans kam im Herbst 1945 in die Schule. Er war kein schlechter Schüler, aber die Arbeit bedeutete ihm mehr als das Lernen. Für sie bekam er Anerkennung. Hans fiel beim „Hiasl-Bauern" stets durch besonderen Fleiß auf. Er lief schneller als die anderen, er lud mehr Heu auf die Gabel als zumutbar usw. Der Lohn: Er wurde immer wieder dafür gelobt! Auch nach der Rück-

kehr ins Elternhaus half Hans an jedem Wochenende beim Hiasl-Bauern. Der kinderlose Landwirt hätte Hans später den Hof übergeben wollen.

Als Hans jedoch nach Abschluss der Volksschule 1950 auf Anraten seines Lehrers Hubner in die Hauptschule wechselte, gab der Hiasl-Bauer seinen Plan auf. Die Entscheidung verstand er nicht, denn er meinte: „Wozu brauchst du das als künftiger Bauer?"

Vater Johann Riedler hatte 1946 nach der Rückkehr aus der Gefangenschaft im Kieswerk Wageneder, wo er schon vor dem Krieg beschäftigt war, wieder Arbeit gefunden. Er engagierte sich als Betriebsrat, erlitt aber bereits 1951 bei einem Arbeitsunfall schwere Verletzungen, an dessen Folgen er zwei Jahre später starb.

3. Hauptschulklasse, 1953

Vater Johann Riedler als Soldat (Bild oben) und nach dem Krieg im Kieswerk Wageneder, wo er sich als Betriebsrat sehr für die Belange der Arbeiter eingesetzt hat (Bild links Johann Riedler, links stehend)

„Nicht Sklaven,
nicht Maschinen,
nicht Lasttiere seid ihr,
ihr seid Söhne
und Töchter **Gottes**"

Joseph Cardijn

Autospenglerlehre und KAJ-Laakirchen

Im Frühling 1953, als für Hans Riedler die Hauptschulzeit fast zu Ende war, galt es, einen Lehrplatz zu finden. Sein Vater fand für ihn eine Lehrstelle als Karosserie- und Autospengler in den Traunsteinwerken der Firma Swoboda in Oberweis bei Gmunden – ein nahe gelegener großer Betrieb und ein zukunftsträchtiger Beruf in der aufstrebenden Automobilbranche. Vater Johann Riedler freute sich sehr über die gute Ausbildungsmöglichkeit für seinen Sohn, sollten es doch seine Kinder einmal besser haben als er. Leider erlebte er den ersten Arbeitstag am 16. August 1953 nicht mehr. Er starb am 29. Juli 1953 – neun Jahre nach der Mutter und erst 45 Jahre alt.

Josef Swoboda, der Lehrherr, war ein echter Patron. Er ging täglich mindestens zweimal durch die Werkstätten und sprach mit den Lehrlingen und Gesellen. Hans Riedler über ihn: „Ich habe mich noch Jahre danach ganz unbewusst vor ihm verbeugt, als ich ihn zufällig traf – und schon längst nicht mehr in der Firma war."[5]

Hans Riedlers erster Chef, Josef Swoboda

Obwohl Hans Riedler keinen Grund hatte, sich über die Ausbildner und Arbeitskollegen zu beklagen, fand er seine berufliche Erfüllung im Beruf des „Feinblechners" nicht. „Große Freude hat mir die Autospenglerei nicht gemacht. Ich ging von Tag zu Tag mehr mit gemischten Gefühlen und mit geringem Selbstvertrauen zur Arbeit, denn ich war kein wirklich guter, erfolgreicher Autospengler."[6] Umso mehr tat es dem Lehrling im ersten Lehrjahr wohl, Lambert Portenschlager[7] kennen zu lernen – einen zwei Jahre älteren Autotapeziererlehrling im selben Betrieb, der sich als KAJ-Aktivist für seine Fragen und Probleme interessierte und ihn in eine Jung-KAJ-Runde brachte. Hans Riedler nahm das Angebot gerne an. „Nicht Sklaven, nicht Maschinen, nicht Lasttiere seid ihr, ihr seid Söhne und Töchter Gottes" war die Botschaft des belgischen Arbeiterpriesters Joseph Cardijn und das ermutigende Motto in der KAJ-Runde.

[5] Hans Riedler: Meine Zwischenbilanz nach 47 Jahren Erwerbstätigkeit oder „Wer keine Erinnerungen hat, hat keine Zukunft" (Rede beim Fest „Zwischenbilanz" anlässlich seines Eintritts in die Alterspension, 2001).
[6] Ebd.
[7] Lambert Portenschlager, geb. 1936 in Laakirchen, lernte Autotapezierer und war Mitglied der Gründergruppe der KAJ Laakirchen.

Lambert Portenschlager, ein Arbeitskollege und Freund, holte Hans in die KAJ.

Das erste Auto, ein Austin A 50 Cambridge, Baujahr 1956

Bild rechts: KAJ-Ball 1956

Die KAJ war für Hans Riedler wie eine zweite Familie geworden. Bald wurde er in die Aktivistenrunde aufgenommen und erlebte immer mehr, was es heißt, KAJ-ist zu sein – Glaube und Leben zu verbinden! Auch die KAJ-Kapläne trugen zu dieser Prägung bei. Wie gesagt, Hans Riedler war kaum zuhause anzutreffen, er war „Aktivist", man traf sich täglich nach der Arbeit in der KAJ-Gruppe und nachher im Gasthaus. Rückblickend sagt er dazu: „Und ich hatte das Glück, zur Katholischen Arbeiterjugend zu kommen. … In dieser Gemeinschaft wurden diese Werte nicht nur gepredigt, sondern auch gelebt. Ich hatte also gar keine Chance, mich anders zu entwickeln."[8]

Wenn sich auch die Liebe zum Spenglerberuf in Grenzen hielt, schloss Hans Riedler die Lehre 1956 mit der Facharbeiterprüfung ab und war „frei". Es war Zeit für einen Aufbruch. Er machte den Führerschein und gemeinsam kauften die Freunde Hans und Lambert ihr erstes Auto. In diese Zeit (1957) fällt auch die zweite Begegnung mit Josef Cardijn in Rom bei der großen internatio-

[8] LKZ vom 11.12.1009

Der Wunsch von Kaplan Grünauer, dass einer seiner Ministranten Priester werden würde, ging nicht in Erfüllung.
v.l.n.r.: Lambert Portenschlager, Josef Thallinger, Einhard Grünauer, Hans Staufer, Hans Riedler

nalen KAJ-Wallfahrt mit mehr als 30.000 Jugendlichen. Die KAJ hatte sich inzwischen international etabliert. Alleine aus Österreich waren 3.000 (!) Arbeiterjugendliche und zahlreiche junge Kapläne dabei, unter ihnen der damalige steirische KAJ-Diözesanseelsorger (1956 – 1965) und spätere Diözesanbischof Johann Weber (Bischof von 1969 – 2001).

In Laakirchen war 1956 Leopold Haslinger[9] von Josef Mayr als Kaplan abgelöst worden. Der Neupriester Josef „Joe" Mayr musste sich den Einstand in die KAJ-Runde mit einer Kiste Bier „verdienen" und hatte auch sonst schnell Zugang zu den KAJ-isten gefunden. Leopold Haslinger war nach Linz als Präfekt in das Kollegium Petrinum versetzt worden.

Josef Mayr, 1956 bis 1960 Kaplan in Laakirchen und Steyrermühl

[9] Als Kaplan in Laakirchen war er der Nachfolger von Einhard Grünauer, der dort von 1950 bis 1954 tätig war und dann Kaplan in Linz-Herz Jesu wurde.

Als Gefreiter rüstet Hans im Juni 1958 ab.

Habt Acht!

Wenige Monate nach Lehrabschluss (Hans Riedler war im Lehrbetrieb geblieben) hieß es (1957/58) den neunmonatigen Präsenzdienst beim – damals noch ganz neuen – österreichischen Bundesheer ableisten. Seine „Laufbahn" dort: Grundausbildung, Heeresfahrschule und anschließend Kraftfahrer in der Kaserne Kufstein. Er chauffierte den Kompaniekommandanten und Kraftfahroffizier im Militär-Jeep, einem jener Fahrzeugtypen, die das US-amerikanische Militär am Ende der Besatzungszeit zurückgelassen hatten. Das österreichsche Bundesheer – ein Symbol für das selbständige und neutrale Österreich nach dem Zweiten Weltkrieg – war noch durch den Umbau von der B-Gendarmerie zum Bundesheer gekennzeichnet. Erst am 15. Oktober 1956 waren die ersten Wehrpflichtigen zum „österreichischen" Bundesheer eingerückt und am 12. Dezember 1956 waren die ersten Soldaten der jungen Republik Österreich feierlich angelobt worden. Viele von ihnen hatten gleich eine erste Bewährungsprobe während des Aufstands in Ungarn im Herbst 1956 zu bestehen.

Hans Riedler nennt als einen der bleibenden Eindrücke von der Zeit beim Bundesheer die Erfahrung, dass er ein neues Maß an Selbständigkeit erwarb.

Eine sehr persönliche Entscheidung fiel ebenso in diese Zeit. Unmittelbar nach dem „Abrüsten" ließ er sich das angeborene starke Schielen operativ beseitigen. Was Hans Riedler in der KAJ längst gelernt hatte, nämlich den Blick auf die Wirklichkeit zu schärfen, sollte nun wohl auch ein äußerlich „ästhetische" Entsprechung erfahren. Für die Entscheidung nicht ganz unbedeutend war auch folgende überlieferte Geschichte: Als er einmal bei einem Ball ein Mädchen zum Tanz aufforderte, erhob sich statt der jungen Frau freudig ihre daneben sitzende Mutter.

Selbstbewusst fuhr er nach Linz und vereinbarte einen Operationstermin. Die dafür erforderliche Zustimmung (Hans war noch nicht großjährig) wurde ihm von seiner Stiefmutter, die von der Absicht ihres Sohnes bis dahin nichts wusste, per Post nachgeschickt. Der Eingriff wurde daraufhin im AKH Linz erfolgreich durchgeführt.

Hans war beim Bundesheer Kraftfahrer, Oktober 1957 bis Juni 1958

Hans beim Studieren in der Natur

„... dann musst du studieren"

Nach erfüllter Wehrpflicht kehrte Hans Riedler im Sommer 1958 in die Firma Swoboda zurück, allerdings bereits mit der klaren Absicht, sich beruflich zu verändern. Er kündigte im Jänner 1959, übersiedelte nach Linz und bekam einen Job als Autospengler in der Firma Möstl. In der Hoffnung, irgendwann die Werkstatt verlassen zu können und eine Arbeitsstelle im Büro zu finden, besuchte er nebenbei den halbjährigen „Gatti-Kurs"[10] für Buchhaltung, Stenographie und Maschineschreiben.

Land- und Forstwirtschaftliche Sozialversicherung

Irgendwann im Jahr 1960, als Einhard Grünauer[11] und Hans Riedler, nunmehr beide in Linz, miteinander ins Gespräch kamen, quittierte Grünauer die von Hans Riedler geäußerte latente Unzufriedenheit mit seinem Beruf mit der Bemerkung: „Wenn du nicht mehr arbeiten willst, musst du studieren."[12]

Hans Riedler nahm diesen Impuls auf und sah sich nach Möglichkeiten der Weiterbildung um. Er veränderte sich beruflich und fand in Linz eine Stelle in der Land- und Forstwirtschaftlichen Sozialversicherungsanstalt. Außerdem schrieb er sich in die Arbeitermittelschule ein und besuchte die nächsten viereinhalb Jahre – neben einer vollen Beschäftigung bei der Land- und Forstwirtschaftlichen Versicherungsanstalt (LFSVA) – täglich von 18.45 bis 22 Uhr das Abendgymnasium. Gemeinsam mit seinem Büro- und Zimmerkollegen sowie Banknachbarn Hans („Heli") Pichler lernte er an fast allen Wochenenden und Feiertagen.

„Eine Zeit, an die ich gerne zurückdenke."

---

[10] Hinter der Kurzbezeichnung „Gatti" stand die in Linz ansässige und in ganz Oberösterreich bekannte Privat-Handelslehranstalt Dr. Gatti (Kaufmännische Schule).

[11] Einhard Grünauer (*1925, +1999) war Jugendseelsorger und Religionslehrer in Linz. Nach seiner Zeit als Kaplan in Laakirchen (1950 – 54) wechselte er als Kaplan nach Linz in die Pfarren Herz Jesu (1954 – 63) und Hl. Familie (1963), ehe er als Religionslehrer ganz in den Schuldienst wechselte. In Linz (Kapuzinerstraße) betrieb er für Jugendliche viele Jahre ein Freizeitheim.

[12] Hans Riedler: Meine Zwischenbilanz nach 47 Jahren Erwerbstätigkeit oder „Wer keine Erinnerungen hat, hat keine Zukunft" (anlässlich seines Eintritts in die Alterspension, 2001).

Arbeitermittelschule, mit Pfeil auf Hans

In der Land- und Forstwirtschaftlichen Sozialversicherungsanstalt war Hans Riedler vorerst als Aktenträger im Archiv, später als Sachbearbeiter in der Unfallabteilung tätig. Seine Gruppenleiterin, eine leidenschaftliche Philatelistin, motivierte ihn, auch mit dem Briefmarkensammeln zu beginnen. Er wollte sich dem Gruppentrend nicht widersetzen und blieb diesem Hobby bis heute treu. In der Pension findet er aber nicht mehr so viel Zeit dafür wie früher.

Hans Riedler rückblickend: „Eine Zeit, an die ich gerne zurückdenke. Ich lernte rasch alle (mehr als 200) KollegInnen mit ihrem Namen kennen – und da war ich sicher einer der wenigen in der Anstalt." Mit einigen Kollegen und Kolleginnen traf er sich regelmäßig in einer von ihm initiierten KAJ-Betriebsrunde und organisierte Fußballspiele oder Fahrradausflüge.

Gewohnt hat Hans Riedler in den ersten Monaten in der Kapuzinerstraße. In der dortigen Pfarre St. Matthias lernte er Kurt Rohrhofer kennen, der die Verantwortung für die KAJ-Gruppe hatte. Hans Riedler übersiedelte jedoch nach einigen Monaten gemeinsam mit seinem Freund Heli vorerst in ein Zimmer in der Landstraße 34 und dann zur „legendären" Herbergsmutter Anna Bauer in die Mozartstraße 39.

Im Februar 1964 war die Matura geschafft und der Abschluss wurde gebührend gefeiert. Blieb nur die Frage: Was tun mit der neu gewonnenen Freizeit? Die Antwort sollte sich bald ergeben.

Die KAJ war natürlich auch während der Zeit der Arbeitermittelschule eine Konstante geblieben. Hans Riedler nahm selbstverständlich an der Großveranstaltung „15 Jahre KAJ-Österreich" im Oktober 1961 in Linz teil. Joseph Cardijn sprach im damals größten Saal von Linz, im Speisesaal der Stickstoffwerke.

Maturafeier bei der Vermieterin, Frau Anna Bauer

Maturaklasse

Aktivist – Beruf und Berufung

Anfänge der KAJ in Oberösterreich[13]

Die Gründung der Christlichen Arbeiterjugend (CAJ), frz. „Jeunesse ouvrière chrétienne (JOC)", geht auf den Beginn des 20. Jahrhunderts durch den belgischen katholischen Priester Joseph Cardijn (1882 – 1967) zurück. Die Not und das Elend der arbeitenden Jugend, die er als Jugendlicher in seiner Heimat Brüssel erlebte, bewogen ihn, Priester zu werden. 1912, wenige Jahre nach seiner Priesterweihe (1906), begann er mit dem Aufbau der CAJ. 1924 wurde in Belgien ein nationaler Verband errichtet. 1925 konnte Cardijn dem Papst in Rom das Anliegen der CAJ vortragen. Pius XI. unterstützte die Verbreitung der CAJ ausdrücklich.

Bereits vor dem Anschluss Österreichs an Hitlerdeutschland knüpfte Cardijn auch nach Österreich erste Kontakte. Eine Priesterstudientagung im Jänner 1938 ist belegt. Das Dritte Reich machte alle weiteren Bemühungen zunichte.

Der Aufbau einer CAJ in Österreich nach 1945 begann in Wien und Linz zur gleichen Zeit. 1946, noch bevor die Bischofskonferenz an die offizielle Wiedererrichtung einer Katholischen Jugend ging, hatte P. Josef Zeininger OSFS in der Pfarre Krim (Wien) bereits begonnen, nach der „Sehen-Urteilen-Handeln"-Methode Cardijns, die er in den 1930er Jahren als Student in Fribourg (CH) kennen gelernt hatte, Jugendarbeit zu machen. Französische Militärgeistliche unterstützten ihn dabei.

Praktisch gleichzeitig setzten in Linz zwei befreundete Jugendliche, der Lehrling Ernst Forstner und der Gymnasiast Hubert Lehner, eine entscheidende Initiative. Forstner, der bereits während der NS-Zeit mit dem

PionierInnen der KAJ OÖ im September 2007, v.l.n.r.: Josef Mayr, Ernst Forstner, Franz Huber, Hubert Lehner, Angela Tschautscher und Gretl Hillingrathner

Franz Huber und Hans Riedler gratulieren Pfarrer Weidinger zum 90. Geburtstag.

50 Jahre KAJ-Wallfahrt Mariazell, 21. Mai 2004, v.l.n.r.: Hans Riedler, Pfarrer Weidinger, Bischof Maximilian und Josef Steurer

---

[13] Vgl. Helmut Wagner: Die Anfänge der KAJ. In: Josef Mayr/Hans Riedler/Helmut Wagner (Hgg.): ... mehr wert als alles Gold der Erde! Anfänge und Entwicklung der katholischen ArbeiterInnenjugend in der Diözese Linz, Linz 2012. Zur Biographie Joseph Cardijns vgl. Bernhard Antony (Hg.): Zur Arbeiterschaft – zur Arbeiterbewegung entschieden. 100 Jahre Joseph Cardijn. Matthias-Grünewald-Verlag, Mainz 1982.

Ein unvergessliches Erlebnis für 7.000 junge Arbeiter

Als Cardijn die Rednerbühne betrat, war die Begeisterung groß

Dr. Franz König
Bischofkoadjutor von St. Pölten

Mariazell am 1./2. Mai 1954
unser erstes großes Gemeinschaftserlebnis in der KAJ

Salesianer-Pater Franz Teufl heimlich in einer Jugendgruppe war, forderte nach seiner Rückkehr vom Kriegsdienst den Salesianerpater auf, wieder mit einer Lehrlingsgruppe zu beginnen. Hubert Lehner, 17 Jahre alt, bat unbekümmert bei Bischof Jos. Cal. Fließer um Audienz mit dem Anliegen um Jugendgruppen für die arbeitende Jugend. Der erstaunte Bischof wollte ihn nicht hindern und schickte ihn weiter zum eben ernannten Jugendseelsorger Ferdinand Klostermann. Klostermann, der um die CAJ-Aktivitäten in Wien wusste, beauftragte Lehner, der nach der Matura das Studium an der Hochschule für Bodenkultur in Wien aufnahm, mit der Pfarre Krim Kontakt aufzunehmen und Arbeitsmaterialen mitzubringen.

Von da an ging es Schritt für Schritt. Klostermann suchte diözesane Verantwortliche für die kirchliche Lehrlingsarbeit. Da Ernst Forstner ablehnte, wurde Franz Huber Diözesanführer. Alois Leitner war der erste Diözesanseelsorger. Ihm folgte 1949 Johann Weidinger[14].

---

[14] Johann Weidinger wurde 1915 geboren und starb am 25. April 2013 in Linz.

1947 erhielt die oberösterreichische Führung die Erlaubnis diözesanweit Lehrlingsgruppen zu errichten. Nun gründeten sich Lehrlingsgruppen in allen Regionen Oberösterreichs. Im Sommer 1948 fand in Linz die erste Nationale Studientagung statt, an der auch Joseph Cardijn teilnahm. Ruth Musall, Gretl Hillingrathner und Angela Tschautscher traten als erste Verantwortliche bei den KAJ-Mädchen auf den Plan. Als Name der aufstrebenden Bewegung hatte sich in Österreich inzwischen KAJ (statt CAJ) durchgesetzt. Als im Herbst 1948 im Auftrag der österreichischen Bischöfe das Katholische Jugendwerk gegründet wurde, wurde die Katholische Arbeiterjugend in das Ensemble der offiziellen kirchlichen Jugendorganisationen (Kath. Landjugend, Kath. Arbeiterjugend, Kath. Studierende Jugend) eingegliedert.

Sportplatz in Mariazell, Kundgebung mit Joseph Cardijn, 1954

Die größte Veranstaltung der Kath. Arbeiterjugend Österreichs der folgenden Ära war die Wallfahrt nach Mariazell 1954, an der mehr als 7.000 junge Arbeiter teilnahmen.

Die Internationale KAJ (JOC) hatte sich inzwischen in mehr als 100 Ländern der Welt ausgebreitet. An einer Rom-Wallfahrt im Jahr 1957 nahmen mehr als 30.000 Jugendliche aus der ganzen Welt teil. Als 1961 in Linz „15 Jahre KAJ Österreich" gefeiert wurde, war die Bewegung in der Kirche hoch angesehen. 1965 ernannte Papst Paul VI. den Gründer der Internationalen KAJ, Josef Cardijn, zum Kardinal. Cardijn nahm am Zweiten Vatikanischen Konzil als Konzilsberater teil und engagierte sich besonders bei der Erstellung des Laiendekretes.

Zwei Jahre später (1967) starb Joseph Cardijn. Seine Grabstätte befindet sich in der Liebfrauenkirche in Brüssel.

„Aus der Erkenntnis meiner apostolischen Berufung und Verantwortung für die KAJ und alle Jungarbeiter verpflichte ich mich als Diözesansekretär der KAJ von Oberösterreich auf drei Jahre … und will in diesen Jahren Mädchenbekanntschaften nicht bewusst anstreben."

HANS RIEDLER
LINZ
HAFNERSTR. 28

AUS DER ERKENNTNIS MEINER APOSTOLISCHEN BERUFUNG UND VERANTWORTUNG FÜR DIE KAJ UND ALLE JUNGARBEITER VERPFLICHTE ICH MICH ALS DIÖZESANSEKRETÄR DER KAJ VON OBERÖSTERREICH AUF 3 JAHRE, DAS IST BIS ZUM AUGUST 1967.

Ich werde mit der Zentralführung persönlich Kontakt halten und an jedem ZFK teilnehmen, bzw. falls ich wirklich verhindert bin, mich vorher entschuldigen.

Ich werde mich um Mitverantwortliche bemühen und bis zum Ende meiner Verpflichtungszeit einen Nachfolger einführen.

Ich will in diesen Jahren zeitraubende Nebenbeschäftigungen und auch zeitraubende Berufsweiterbildung aufschieben.

Ich will in diesen Jahren Mädchenbekanntschaften nicht bewußt anstreben.

Ich will mich schließlich um folgende religiöse Ziele bemühen:

1. Tägliches KAJ-Gebet (Tagesmeinung)
2. Innere Mitfeier der Sonntagsmesse mit Kommunion
3. Regelmäßige persönliche Beichte
4. Exerzitien alle 2 Jahre
5. Regelmäßiger Priesterkontakt
   Wochentagsmesse
   Tägliche Besinnung (Schriftlesung)
   Apostolisches Notizbuch
   Apostolische Aufzeichnung

Aus Liebe zu Christus und den jungen Arbeitern will ich mich ernstlich bemühen, diese Ziele zu verwirklichen und beim Priesterkontakt darüber Rechenschaft ablegen.

Ich übergebe diese Verpflichtungsurkunde dem Diözesanseelsorger und bin einverstanden, daß mein Gebiets- und Pfarrseelsorger darüber informiert wird.

Burg Alt-Pernstein, 16.8.1964

Wir bestätigen Deine Verpflichtung und danken Dir für Deinen Einsatz
Hans Ablinger *Josef Mayr*

Bischöfliches Bestellungsdekret zum „Diözesansekretär der KAJ von Oberösterreich" (1964)

Diözesansekretär der Katholischen Arbeiterjugend/Linz

Josef Mayr[15] (*1931) lernte Hans Riedler 1956 als Kooperator von Laakirchen kennen und schätzen. Diese Bekanntschaft hatte weitreichende Folgen. 1960 wurde Mayr von Bischof Franz Sal. Zauner nach Linz als Diözesanseelsorger der KAJ-Mädchen und -Burschen berufen[16]. Als im Sommer 1964 die diözesane KAJ einen Nachfolger für Heinz Aspöck[17] als Diözesansekretär der KAJ-Burschen suchen musste, kam Mayr die neue Freiheit des frisch gebackenen Maturanten Hans Riedler gelegen. Er schlug ihn als Diözesansekretär für die KAJ-Burschen vor – eine große Ehre für Hans Riedler.

Die Herausforderungen, die nun auf ihn zukamen, waren vielfältig: vor vielen Leuten reden und referieren, Veranstaltungen organisieren und Arbeitskreise leiten, internationale Kontakte pflegen und vieles mehr. Aber er wuchs als Persönlichkeit in dem Maß, in dem man ihm das zutraute und ihm Verantwortung übertragen wurde. Aktivistenrunden in den zuständigen Gebieten wurden betreut, Unterlagen zu den Schwerpunkten Beruf und Arbeit, Familie und Ehevorbereitung, Freizeit und internationale Probleme gestaltet.

Die KAJ war inzwischen zu einer beachtlichen Bewegung angewachsen, ihr gehörten etwa 20.000 Jungarbeiterinnen und Jungarbeiter in ganz Österreich an. Öffentliche Aktionen wie die Karfreitagsaktion (eine Minute Stillstand der Maschinen in den Fabriken zur Sterbestunde Christi), aber auch die Osteraktion (innere Einkehr durch Osterbeichte), die Berufsvorbereitungsaktion für Entlassschüler, die Aktion „Neue im Betrieb" oder „Familie und Ehevorbereitung" waren wichtige Schwerpunkte der Katholischen Arbeiterjugend.

Hans Riedler, Nachfolger von Heinz Aspöck, arbeitete während seiner Tätigkeit als Diözesansekretär der KAJ-Burschen in der Diözesanleitung

---

[15] Josef Mayr war von 1956 – 1958 Kaplan in Laakirchen und von 1958 – 1960 Expositus in Steyrermühl.
[16] Josef Mayr Biogramm, Daten aus NAGDL 1989/90, Heft 3, Domkapitulare seit 1945.
[17] Heinz Aspöck *1938, gelernter Maschinenschlosser, stammte aus Wolfsegg und trat 1961 in den Dienst der Diözese Linz als Organisationssekretär der Kath. Arbeiterjugend. 1964 wechselte er in die Verwaltung. Von 1985 bis zu seiner Pensionierung 1999 war Aspöck Leiter des Referates Verwaltung und EDV sowie Finanzreferent des Pastoralamtes. Vgl. Linzer Kirchenzeitung, Ausgabe 2008/14

Abschluss 1. Dreimonatskurs der Burschen im Betriebsseminar

mit den KAJ-Diözesanführern Hans Ablinger und Peter Feichtinger sowie mit Heinz Häubl, Diözesansekretär für die Jung-KAJ-Burschen, zusammen. Diözesanseelsorger waren in dieser Zeit Josef Mayr, Pater Alois Saurugg und Hans Ehrenfellner.

Mit den Verantwortlichen der KAJ-Mädchen – Annemarie Gamsjäger, Rosemarie Kurka, Grete Casagrande und Karla Liska – hatte man zwar gute Kontakte. Es gab aber in dieser Zeit noch keine engere Zusammenarbeit zwischen den KAJ-Burschen und KAJ-Mädchen.

Als Hans Riedler im Februar 1967 in die KAJ-Nationalleitung wechselte, wurde Rainer Remsing sein Nachfolger.

1964 gründete die KAJ-Mädchen das gesamtösterreichische Betriebsseminar. Federführend war Maria Madlener gemeinsam mit dem Zentralseelsorger der KAJ-Mädchen, Josef Mayr. Bereits 1966 fand allerdings im Betriebsseminar der erste „Dreimonatskurs" für Burschen statt.

Die Diözesanverantwortlichen der diözesanen KAJ besuchten von Josef Mayr organisierte Studienhalbtage zu aktuellen Themen im Priesterhaus in der Rudolfstraße, wo es neben der Reflexion und der Schulung jedes Mal auch ein gutes Frühstück mit Kipferl und Kakao von „Pepi-Tante", der Wirtschafterin Mayrs, gab.

KAJ-Studientagung

An die Diözesansekretäre und Diözesanverantwortlichen wurden damals besonders hohe moralische und religiöse Erwartungen gestellt. Im von Diözesan-

Josef Mayr unf „Pepi-Tante" Josefa Mayrhofer

bischof Franz Sal. Zauner unterfertigten Bestellungsdekret für Hans Riedler aus dem Jahr 1964 heißt es unter anderem: „Aus der Erkenntnis meiner apostolischen Berufung und Verantwortung für die KAJ und für alle Jungarbeiter verpflichte ich mich als Diözesansekretär der KAJ von Oberösterreich auf drei Jahre. Ich will in diesen Jahren Mädchenbekanntschaften nicht bewusst anstreben … Ich will mich um folgende religiöse Ziele bemühen: 1. Tägliches KAJ-Gebet, 2. Innere Mitfeier der Sonntagsmesse, 3. Regelmäßige persönliche Beichte, 4. Exerzitien alle 2 Jahre, 5. Wochentagsmesse, tägliche Besinnung (Schriftlesung), Apostolisches Notizbuch und Apostolische Aufzeichnung[18]."

---

[18] Bischöfliches Bestellungsdekret zum Diözesansekretär, unterzeichnet von Diözesanbischof Franz Sal. Zauner, datiert mit „Burg Alt-Pernstein, 16. August 1964". Hans Ablinger (Vorsitzender) und Josef Mayr (Diözesanseelsorger) bestätigten mit ihrer Unterschrift die Verpflichtung und dankten für den Einsatz. (Abb. Seite 36)

Nationalleiter/Nationalsekretär der Katholischen Arbeiterjugend Österreichs

Nach zweieinhalb Jahren in der KAJ Oberösterreich wurde Hans Riedler im Februar 1967 zum Nationalleiter[19] der KAJ berufen. Diese KAJ-Funktion in der Bundeshauptstadt auszufüllen, erweiterte noch einmal seinen Horizont. Neben vielen nationalen Aufgaben (z.B. Vertretung im Österreichischen Bundesjugendring) waren viele internationale Kontakte (z.B. KAJ-Weltrat im Libanon/Beirut, 1969) sowie verschiedene Medienauftritte und Interviews wahrzunehmen. Hans Riedler: „Ich lernte verschiedene und teilweise sehr unterschiedliche Mentalitäten kennen, zum Beispiel den Wiener Schmäh, und erinnere mich noch gut an eine heftige Auseinandersetzung zwischen Wiener und Tiroler Sekretären am Rande einer gesamtösterreichischen Tagung."[20]

Hans Riedler sprach damals für die KAJ unter anderem persönlich bei Bundeskanzler Bruno Kreisky vor und hatte eine Audienz bei Erzbischof Franz Kardinal König. Übrigens war zu dieser Zeit die Stelle der Nationalleiterin der KAJ-Mädchen ebenfalls durch eine Oberösterreicherin, Rosemarie Kurka, besetzt (1969 – 1973). Auch der Nationalseelsorger der KAJ-Mädchen war Oberösterreicher: Josef Mayr (1962 – 1969).

KAJ-Bundeskongress – Innsbruck 1971

In Hans Riedlers Zeit als Nationalleiter fiel auch der legendäre KAJ-Bundeskongress 1971 in Innsbruck, der die Entwicklung der KAJ nachhaltig beeinflusste. Aus dem 25-Jahr-Jubiläum der KAJ mit einer Großkundgebung von 4000 TeilnehmerInnen aus ganz Österreich wurde eine unerwartete politische Manifestation. Nachdem es am Ende der Abendveranstaltung zu einer öffentlich geäußerten Kritik an der Predigt von Diözesan- und Jugendbischof Paulus Rusch beim Festgottesdienst und damit zu einem handfesten Konflikt in-

---

[19] Die Begriffe für die gesamtösterreichische Funktion in der KAJ wechselten. Die Bezeichnung führte von Zentralführer (Zentralsekretär) zum Nationalleiter (Nationalsekretär) und anschließend zum Bundesleiter (Bundessekretär).
[20] Hans Riedler: Meine Zwischenbilanz nach 47 Jahren Erwerbstätigkeit oder „Wer keine Erinnerungen hat, hat keine Zukunft"(Rede beim Fest „Zwischenbilanz" anlässlich seiner Eintritts in die Alterspension, 2001).

nerhalb der KAJ gekommen war, war es an Hans Riedler, tags darauf eine öffentliche Erklärung namens der Nationalleitung abzugeben.

Prägend war aber nicht nur der KAJ-Kongress. Auch andere Aktionen, wie der Hungerstreik gegen die Verhaftung der KAJ-Nationalleitung in Brasilien, erregten öffentliche Aufmerksamkeit.

1971 wurde die Bundesfunktion Hans Riedlers von „Nationalleiter" in „Nationalsekretär" umbenannt und die ehrenamtliche Funktion eines Nationalleiters der KAJ eingeführt. Rainer Remsing wurde als erster in diese Funktion gewählt.

KAJ-Kongress Mai 1971 – Delegiertentag

Die KAJ hatte in den 1950er Jahren einen enormen quantitativen Aufschwung genommen. So populär die KAJ war, Cardijns Programm wurde aber noch ganz im Sinne einer Gesinnungsreform[21] als Weg der Verchristlichung der Arbeitswelt interpretiert. Zwar gab die KAJ dem jungen Arbeiter/der jungen Arbeiterin ein neues Selbstbewusstsein, dennoch waren sittliche und religiöse Werte der Jugendlichen zentraler Ausgangspunkt der kirchlichen Jugendbildung. Partnerschaft und Familie sind logisch daraus folgende Schwerpunkte der Jugendarbeit. Mit dem Auftreten gegen „Schmutz und Schund" wurde in dieser Zeit in der Katholischen Jugend gegen die Auflösung sittlicher Werte angekämpft.

In der KAJ machte man sich in den 1960er Jahren – angesichts des steigenden Lebensstandards – Sorgen wegen eines übertriebenen Konsums. Diese Erfahrungen in Zusammenhang mit einer sinnvollen Freizeitgestaltung gaben Anlass zu weiteren Jahres-Schwerpunkten. Das Rollenbild der Frau – KAJ-Burschen und KAJ-Mädchen waren noch getrennte Organisationen – war bis dahin noch in traditionellen Vorstellungen verhaftet. Erst in der zweiten Hälfte der Dekade kam es auch in diesem Bereich zu Veränderungen.

Hungerstreik in Graz wegen der Verhaftung der KAJ-Nationalleitung Brasiliens – 1969

---

[21] G. Steger verwendet diesen Terminus, um die Grundhaltung der KAJ in der Epoche vor 1971 zu kennzeichnen und schlägt als prägende Grundhaltung für die Zeit danach den Terminus „Gesellschaftsreform" vor. Vgl. Gerhard Steger: Marx kontra Christus. Die Entwicklung der Katholischen Arbeiterjugend Österreichs 1946 bis 1980, Wien 1983.

Was war 1968 geschehen?

1962 bis 1965 hatte in Rom das Zweite Vatikanische Konzil stattgefunden, das – zwar nicht sofort – aber sukzessive in ganz Europa eine kirchliche Aufbruchstimmung auslöste.

Das Jahr 1968 ist als das Jahr der revolutionären Jugendproteste in die Geschichte eingegangen. In ganz Europa begehrte die Jugend gegen die althergebrachten Vorstellungen und Ansichten auf. So demonstrierten zum Beispiel auch in Österreich 1965 an der Universität Wien Studenten gegen den Rechtsprofessor Taras Borodajkewycz. Die damaligen Studenten Heinz Fischer und Ferdinand Lacina hatten in Vorlesungen Äußerungen Borodajkewycz mit nationalsozialistischem Gedankengut mitgeschrieben und veröffentlicht und damit großes Aufsehen erregt. 1968 scheiterten politische Liberalisierungsbemühungen („Prager Frühling") in der Tschechoslowakei.

Aber auch in der Kirche begehrte die Jugend auf. Im so genannten Kennedy-Haus in Innsbruck, einem kirchlichen Jugendzentrum, das 1964 von der Marianischen Kongregation (MK) der Jesuiten gegründet und aufgebaut worden war, kam es ab 1970 zu Auseinandersetzungen um die Arbeit des Jugendseelsorgers P. Sigmund Kripp SJ. Bischof Rusch störten die politischen Äußerungen, aber auch die offene Thematisierung des Themas Sexualität. Die Auseinandersetzung mit der Amtskirche spitzte sich immer mehr zu.

Demonstration beim KAJ-Kongress 1971 in Innsbruck mit ca. 4.000 TeilnehmerInnen

Bischof Rusch war es auch, der in der Bischofskonferenz durch seine Ablehnung einer gesamtösterreichischen Synode mit zum Scheitern einer nationalen Umsetzung des Konzils beitrug und sich für diözesane Synoden (Salzburg 1968, Linz 1970 – 1972) stark machte. In der Steiermark konnten sich bei der Planung der Diözesansynode die Hochschuljugend und die Katholische Aktion nicht auf einen geschäftsführenden Präsidenten einigen. Diese und andere heftig geführte Auseinandersetzungen veranlassten Bischof Schoiswohl (Graz) Ende 1968 zum Rücktritt. Nachfolger als Diözesanbischof wurde der KAJ-Seelsorger und Pfarrer Johann Weber.

Um all diese Ereignisse und die folgende Entwicklung der KAJ rund um das Jahr 1971 zu verstehen, muss der breite gesellschaftliche, politische und religiöse Horizont ausgeleuchtet werden. Grundlegend ist, dass sich in den späten 1950er und Anfang der 1960er-Jahre mit den Sozialwissenschaften und sozialphilosophischen Strömungen (Theodor Adorno, Max Horkheimer, Frankfurter Schule etc.) neue Sichtweisen der Gesellschaft gebildet haben. In ihrer „kritischen Theorie" der Gesellschaft sehen sie die spätkapitalistische Gesellschaft zu einem bloßen Positivismus verkümmert. Das blinde Vertrauen auf die zunehmende Naturbeherrschung durch den technischen Fortschritt und die Erhebung des ökonomisch

Vernünftigen zum allzeit Gebotenen führe dazu, dass die Menschen zu Vollzugsorganen kapitalistischer Zwecke und zu Objekten der Bürokratie werden (vgl. Adorno/Horkheimer: Dialektik der Aufklärung, 1969). Die Soziologie (Max Weber u.a.) hat die Bedeutung der Strukturen für die Existenz des Individuums herausgearbeitet. In dieser Sichtweise bekommen Strukturen für die gesellschaftlichen Veränderungen eine besondere Bedeutung.

Auch die Theologie hat die Errungenschaften der Sozialwissenschaften rezipiert. Vor allem die Theologie der Befreiung (schon ab Medellin 1968) hat das „Sehen – Urteilen – Handeln" Joseph Cardijns mit den neuen sozialwissenschaftlichen Erkenntnissen verknüpft und „ungerechte Strukturen" festgemacht. Verschiedene südamerikanische Theologen (G. Gutiérrez, L. Boff etc.) haben diese Theologie präzisiert. Sie hatten dabei keine Scheu, sich auch der marxistischen Gesellschaftsanalyse („Klassenkampf") zu bedienen.

Hans Riedler beim 4. Weltrat in Beirut mit dem Staatspräsidenten des Libanon (links im Bild), im September 1969

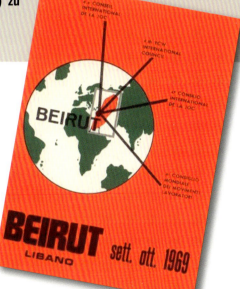

Einladung zum 4. Weltrat der KAJ

Über den Weg der internationalen KAJ (Welttreffen in Rio de Janeiro 1961, Bangkok 1965, Beirut 1969) kam die Katholische Arbeiterjugend Österreichs mit der Kapitalismuskritik in Berührung. War man anfangs noch der Meinung, Kapitalismuskritik möge für die Dritte Welt zutreffen (F. Sieder in: G. Steger[22], S. 68), entzündeten sich 1970 bei der Vorbereitung des Jahresthemas „Mitreden – mitentscheiden – mitverantworten in der Berufs- und Arbeitswelt" heftige Diskussionen über eine – wie von manchen forciert – stärkere gesellschaftspolitische Ausrichtung der KAJ-Arbeit. Der strukturkritische, kapitalismuskritische Ansatz war also, wie Gerhard Steger zeigen kann, in der KAJ angekommen. Damit setzte ein Paradigmenwechsel ein, der der KAJ eine Zerreißprobe bescherte.

Eingebettet in diesen Aufbruch, 1971, fand in Innsbruck der Bundeskongress der KAJ Österreichs statt. Schon im Vorfeld gab es Differenzen

[22] Ebd.

unter den KAJ-Diözesanleitungen über gesellschaftliche Themen. Positionen, die die Oberösterreicher einnahmen, wurden etwa von den Wienern nicht geteilt und umgekehrt. Das neue „Selbstverständnis der KAJ" (Jänner 1971) konnte die Differenzen nicht klären. Pfingsten 1971 versammelten sich jedenfalls mehr als 4000 TeilnehmerInnen in Innsbruck, nicht nur, um das 25-Jahr-Jubiläum zu begehen, sondern um neue Ausrichtungen der Bewegung und gesellschaftspolitische Forderungen zu beschließen.

„Akkord ist Mord", „Lehrling – billiger Hilfsarbeiter" oder „Elendquartiere für Gastarbeiter und Pendler – wie lange noch" waren die Slogans. Im Anschluss an eine Predigt des Diözesanbischofs und österreichischen Jugendbischofs Paul Rusch bei einem Gottesdienst in der Eishalle, wo er die Jugendlichen vor „bloßer Mitmenschlichkeit" warnte, wovon auch die Kommunisten gesprochen hätten, gingen Wellen des Protests hoch. Am Abend des selben Tages wurde von Heinz Häubl aus Linz ein Text, der von einer Gruppe Oberösterreicher verfasst worden war, verlesen, in der Rusch die rückwärtsgewandte Einstellung von Kirche und die fehlende Ausrichtung auf die gesellschaftliche Realität vorgeworfen wurden und die in der Bemerkung gipfelte *„Märchenonkel Paul ignorierte uns. Wir fordern, dass wir zur Sprache kommen!"* 600 Jugendliche unterschrieben die Protestnote. Andere lehnten diese Vorgangsweise ab.

Abschlusskundgebung des KAJ-Kongresses in Innsbruck am 31. Mai 1971 vor dem Landestheater

Hans Riedler, seit 1967 Nationalleiter der Katholischen Arbeiterjugend, war in einer schwierigen Lage. Tags darauf fand die Abschlussveranstaltung des KAJÖ Kongresses unter Anwesenheit von Bischof Rusch statt. Hans Riedler verlas eine Stellungnahme der Nationalleitung der KAJ, in der er die „Form der Kritik" – gemeint war das eigenmächtige Vorgehen der Initiatoren des Protests – verurteilte, gleichzeitig aber auch feststellte, dass *„wir (die Nationalleitung) damit nicht grundsätzlich gegen eine Kritik an der Predigt sind"*. (G. Steger, S. 74).

Damit war der interne Konflikt aber nicht ausgestanden. Die KAJ Burgenlands distanzierte sich formell von der „unsachlichen Kritik". Die KAJ-Burschen Tirols stellte einen Misstrauensantrag gegen den designierten Nationalkaplan (Fritz Mitterhuber) sowie gegen den designierten Nationalleiter

(Rainer Remsing). Sogar die Katholische Jungschar sah sich veranlasst, sich zu distanzieren. Nachdem der Misstrauensantrag abgelehnt wurde, trat die KAJ-Burschen Tirols aus der KAJÖ aus. Das von der neuen Nationalleitung für 1971/72 geplante Jahresthema „Die Zukunft mitgestalten", das sich ausschließlich mit der Berufs- und Arbeitwelt befassen sollte, stieß nun auch in Wien, Niederösterreich und Burgenland auf großen Widerstand. Als Argument wurde unter anderem angeführt, dass damit zu einseitig die Berufssituation im Vordergrund stehe. Die Diözesanleitungen der östlichen Diözesen beteiligten sich nicht an diesem Jahresthema. Die Diskrepanz zwischen Gesinnungs- und Strukturreform war also offensichtlich.

Studientagung als Vorbereitung auf den Kongress 1971

Nachzutragen vom Kongress bleibt noch, dass die Diözesansekretärin der Tiroler Jung-KAJ-Mädchen und gleichzeitig die Verlobte Hans Riedlers bei der Abschlussveranstaltung neben Bischof Rusch stand. Als Rusch die Stellungnahme der KAJÖ, vorgetragen von Hans Riedler, hörte, sagte er zu Eva Seelos: „Und diesen da heiraten Sie?" Sie wollte! Die Hochzeit fand am 29. Juli (standesamtlich) und am 7. August 1971 (kirchlich) statt. Nach der Hochzeit zog Eva Seelos, nun Riedler, zu Hans nach Wien und wurde in der Bundesstelle Sekretärin.

„Und diesen da heiraten Sie?"

Eva Seelos neben Bischof Rusch bei der Abschlusskundgebung des KAJ-Kongresses vor dem Landestheater

„Wenn die Sehnsucht nach dem Erreichen eines **Zieles** leidenschaftlich in uns lebt, dann wird es nicht an **Kraft** fehlen, die erforderlichen Mittel zu finden und das Vorhaben in die Tat umzusetzen"

Albert Einstein

Diözesansekretär der Katholischen ArbeitnehmerInnenbewegung in Linz[23] und Betriebsrat im Pastoralamt

Im April 1973 erging ein neuer Ruf an Hans Riedler. Man holte den KAJ-Nationalsekretär zurück nach Linz in die diözesane Katholische ArbeitnehmerInnenbewegung (KAB).

Da Hermann Leimer[24] aufgrund des neuen Arbeitsschwerpunktes „Werksgemeinschaft" in die in Aufbau befindliche Betriebsseelsorge wechselte, war sein Posten in der KAB neu zu besetzen. Die Entscheidung wurde in der Leitung getroffen und anschließend dem Diözesanführungskreis zur Kenntnisnahme mitgeteilt. Die beiden Diözesansekretäre hießen ab nun Fritz Lehner und Hans Riedler. Geistlicher Assistent war Johann Ehrenfellner, gefolgt von P. Josef Essl OMI[25].

Hans Riedler sollte helfen, die der KAJ entwachsenen ehemaligen Cardijn-Aktivisten für die KAB zu gewinnen. Ein Plan, der nur teilweise aufging. Hans Riedler nennt rückblickend zwei Gründe für den mäßigen Erfolg: Einerseits scheuen die meisten Ehemaligen – nun in Partnerschaft lebend und im Beruf situiert – den zeitraubenden Einsatz, der von ihnen als KAJ-Aktivisten verlangt wurde. Andererseits waren nicht wenige ehemalige KAJler beruflich inzwischen in Positionen aufgestiegen, in denen sie sich nicht mehr so eindeutig mit den Ansichten der KAJ identifizieren konnten, noch dazu, wo die KAJ in der Zwischenzeit (vgl. KAJ-Kongress 1971) eine deutlich gesellschaftskritischere Ausrichtung hatte – ein Ansatz, der manchen fremd blieb.

So konnte Riedler mit seinen diesbezüglichen Bemühungen nur Teilerfolge verbuchen.

Diözesanleitung der KAB im Wandel der Jahre

---

[23] Zur Geschichte der KAB: Am 6. und 7. April 1951 wurde in Attnang-Puchheim, Oberösterreich, die Gründung einer Katholischen Arbeiterbewegung Österreichs (KAB) beschlossen. Vgl. www.kab-wien.at/grundsatzprogramm-neu.htm

[24] Hermann Leimer war Nachfolger von Heinrich Thöne, der für die Regionalarbeit verantwortlich war. Als dann Hermann Leimer, ehemaliger Voest-Arbeiter, den neuen Arbeitsschwerpunkt „Werksgemeinschaft", hauptsächlich für die Voest-Pendlerseelsorge, übertragen bekam, wurde seine frei gewordene Stelle 1973 mit Hans Riedler besetzt und die KAB bekam so zusätzlich zu Fritz Lehner einen 2. Diözesansekretär. Diözesanführer der KAB war Hans Ablinger, Geistliche Assistenten waren Dr. Walter Suk, Johann Ehrenfellner (1966 – 1973) und P. Josef Essl (1974 – 1984).

[25] Wie die Entscheidung, Hans Riedler in die KAB zu holen, herbeigeführt wurde, lässt sich nicht mehr genau eruieren. Kurt Rohrhofer meint, man habe das in der Leitung überlegt und beschlossen und der Diözesanführungskreis hat die Entscheidung „wahrscheinlich wohlwollend zur Kenntnis genommen". Hans Ablinger, der Rohrhofer als KAB-Vorsitzender nachfolgte, ergänzt, es könne durchaus sein, dass Josef (Joe) Mayr „Hölzel geworfen" hat.

Stark im Blickpunkt der KAB dieser Zeit war der Schwerpunkt Familie sowie das Thema Frauen. Die KAB in der Diözese Linz ging damit einen etwas anderen Weg als die meisten Bewegungen in den übrigen Diözesen. Hans Riedler identifizierte sich damit in hohem Ausmaß. Er war verantwortlich für die sehr gut besuchten jährlichen Familienwochen[26], in denen ein großes Kinderprogramm integriert war. Die Beschäftigung mit dem Thema Frau führte in der KAB dazu, dass gewählte Funktionen (z.B. Gebietsleiter) nunmehr von Ehepaaren gemeinsam wahrgenommen wurden.

Ein anderer Schwerpunkt Hans Riedlers war die Redaktion und Gestaltung der KAB-Zeitung „information – diskussion". Die bisher kopierten Mitteilungen wurden nunmehr in eine Zeitung umgewandelt und im Umfang erweitert. Für das Layout der Zeitung musste auch die karge Freizeit herhalten. Die Kinder Hans Riedlers erinnern sich: „Papa hat mit dem ‚Basteln' dieser Zeitung viele Stunden verbracht. Wenn wieder eine Ausgabe fertig gestellt werden musste, saß er an seinem Schreibtisch im Wohnzimmer und schnitt Texte und Fotos aus, um sie anschließend zu einem Layout zusammen zu fügen. Stören durfte man ihn dabei nicht, aber von der Ferne zuschauen konnte man schon."

Hans Riedler beim Gestalten der KAB-Zeitung „information – diskussion"

Die Zeitung „information – diskussion" erscheint jedenfalls seit diesem Relaunch unverändert. Eine Durchsicht einiger Jahrgänge zeigt folgende – bereits sehr sozialpolitisch orientierte – Schwerpunkte: Ausbau der Mitbestimmung der Arbeitnehmer in den Betrieben (1971), Humanisierung der Arbeitswelt (1973), Angleichung von Arbeitern und Angestellten (1974). Immer wichtiger wurden die Themen Gastarbeiter (1974), berufstätige Frauen (1974), Gleichstellung der Frau in der Ehe (1975), multinationale Konzerne (1975), neue Einkommensverteilung (1975). Als Auswirkung der Ölkrise 1973 taucht 1975 zum ersten Mal auch das Thema „Kündigung, was dann?" auf.

In der KAB mancher österreichischen Diözesen standen aber damals auch Wallfahrten noch hoch im Kurs. 1975 nahmen in Burgenland 2.500 Männer, Frauen und Kinder an der KAB-Wallfahrt teil, in Tirol pilgerten im selben Jahr gar 6.000 KABler auf den Locherboden. 1978 wurde das 3. Grundsatzprogramm[27] beschlossen. In Oberösterreich hatte die Anfang

---

[26] Diese fanden statt: Landwirtschaftsschule Freistadt, Landwirtschaftsschule Vöcklabruck und Jugendherberge Ebensee.
[27] Frühere Grundsatzprogramme stammen aus den Jahren 1955, 1971 und später folgten solche 1987 und 2001.

der 1970er-Jahre stattfindende Diözesansynode[28] zum weiteren Ausbau von Betriebsseelsorgezentren geführt. KAJ und KAB gehörten zu den Betreibern dieser Idee. Als Koordinationsplattform der Betriebsseelsorge mit den bestehenden Bewegungen (KAJ, KAB) wurde 1971 die „Arbeitgemeinschaft der Arbeitnehmer- und Betriebsseelsorge (AGAB)" eingerichtet.

Die KAB Österreichs gab in diesen Jahren zwei wichtige Publikationen mit grundlegenden Dokumenten ihrer Arbeit heraus: „Texte zur Katholischen Soziallehre – von 1891 bis 1975" (1976) und „Dokumente – Etappen der katholisch-sozialen Bewegung seit 1850 und 30 Jahre Katholische Arbeitnehmer-Bewegung in Österreich" (1980). Bereits 1971 erhielt die KAB einen Sitz im ÖGB-Bundesvorstand. Kardinal Franz König referierte im Februar 1973 vor dem ÖGB-Kongress. Hans Riedler war zu diesem Zeitpunkt noch Nationalsekretär der KAJ in Wien und bekam das öffentliche Echo dieses Auftritts aus nächster Nähe mit. Die Krise in Osteuropa führte 1980 zu ersten Hilfsprojekten für „Solidarnosc" in Polen – ein Ergebnis der Internationalisierung von KAJ und KAB in den 1970er-Jahren.

Die gesellschaftskritische Haltung in KAJ und KAB war inzwischen unübersehbar. Als 1978 die Volksabstimmung „Zwentendorf" stattfand, demonstrierte auch die KAB im Rahmen der „Aktionsgemeinschaft für eine menschliche Zukunft" gegen die Inbetriebnahme des Atomkraftwerks.

[28] Linz und St. Pölten 1970 – 1972.

1 Unterzeichnung der neuen Dienst- und Besoldungsordnung 1985
2 Betriebsrat des Pastoralamtes mit Personalreferent Franz Huber (3.v.r.)
3 Fußballturnier des Pastoralamtes 1982
4 Dir. Willi Vieböck gratuliert zum 30jährigen Dienstjubiläum

Der Diözesantag 1982 in Linz (Petrinum) stand unter dem Thema „Friede durch Abrüstung, Gerechtigkeit und Solidarität". Tags zuvor waren alle ehemaligen KAJisten zur Feier „100 Jahre Cardijn" im Schülerheim „Guter Hirte" eingeladen.

Wichtige Impulse für seine Arbeit erhielt Hans Riedler bei den Studienfahrten zur KAB Frankreichs.

Prägend war auch der 26-wöchige „Kurs für Sozialsekretäre"(für Hauptamtliche der KAB und Betriebsseelsorge) in Freising von 1980 bis 1982, an dem er als (einziger) Österreicher mit vielen Kollegen der deutschen KAB und Betriebsseelsorge Kontakt und Freundschaft knüpfen konnte. Paul Schobel (Stuttgart) ist ein Beispiel dafür. Es wäre nicht Hans Riedler, wenn er in dieser Ausbildung nicht Kurssprecher gewesen wäre.

Besuch eines Kohlebergwerks im Elsass

Bereits ein Jahr nach seinem Dienstantritt bei der KAB in Linz wurde Hans Riedler als Betriebsrat des Pastoralamtes gewählt. Er folgte in dieser Funktion Engelbert Kefer. Hans Riedler war von 1974 bis 1983 Betriebsratsvorsitzender für insgesamt rund 150 Beschäftigte. Die guten Kontakte Hans Riedlers zur Gewerkschaft vertieften sich und bildeten die Basis für viele künftige Aktionen. Betriebsrat in einem kirchlichen Betrieb zu sein, scheint für Außenstehende wahrscheinlich konfliktfreier und einfacher zu sein als es tatsächlich war. Interessensgegensätze gab es aber nicht nur zwischen Amtsleiter, Personalreferenten und Betriebsrat, sondern auch zwischen den verschiedenen Mitarbeitergruppen. Die 50-prozentige Freistellung für die Betriebsratsarbeit minderte kaum sein großes Arbeitspensum in der KAB. Riedler war neben den oben erwähnten Zuständigkeiten für die Zeitung und für die Familienwochen auch Gebietsverantwortlicher für Braunau, für das gesamte Mühlviertel und für Wels. 1983 – nach drei Perioden – endete die Funktion als Betriebsrat. Hans Riedler kandidierte nicht mehr. Er stand die nächsten drei Jahre (bis 1986) wieder ganz der KAB zur Verfügung.

In seiner schriftlichen Rückschau auf die Jahre in der KAB sind unter anderem die guten Beziehungen zu verschiedenen KAB-Familien, die neu eingeführten Kinderprogramme während der KAB-Veranstaltungen sowie die guten Kontakte mit Vertretern der Gewerkschaft und der Arbeiterkammer festgehalten.

Hans Riedler und seine KAB-Runde

Bereits 40 Jahre lang treffen sich Hans und Eva Riedler regelmäßig mit anderen Paaren monatlich zur KAB-Runde. Die Zusammensetzung veränderte sich aufgrund von familiären Veränderungen, zwei Frauen, Johanna und Margot, sind bereits verstorben.

In der Runde wird das persönliche Leben reflektiert und es werden gesellschaftliche Fragen und Probleme mit dem Ziel diskutiert, einen kleinen Beitrag zu einer solidarischen Gesellschaft mit selbstbestimmten Menschen und einem befreienden Glauben zu leisten. Jede Runde wird von den Gastgebern vorbereitet. Die Themen umfassen ein breites Spektrum wie zum Beispiel: „Sozialhirtenbrief" (Juni 1989) – „Loslassen der Kinder" (November 1994) – „Situation der Flüchtlinge aus Serbien und dem Kosovo" (April 1999) – „Sozialstaatsvolksbegehren" (März 2002) – „Erinnerungen an meine Kindheit" (November 2005) – „Meine Kraftquellen" (November 2008) – „Man schlägt die Griechen und trifft den Sozialstaat" (Mai 2010) - „Wasser für Lateinamerika – Unterstützung eines konkreten Projektes" (Dezember 2010) – „Sorgt euch nicht um … Mt. 6, 25-34" (Jänner 2013).

KAB-Runde bei Fam. Steiner (Juli 1998)

Die KAB-Runde am Feuerkogel (Juli 2008)

Anstelle der bisher üblichen gegenseitigen Weihnachtsgeschenke beteiligen sich die Rundenmitglieder seit einigen Jahren an Solidaritätsaktionen für Menschen aus ihrem Umfeld.

Und es wird auch gemeinsam gefeiert, gewandert und an kulturellen Veranstaltungen teilgenommen.

Arbeiten wie ein Zölibatärer – Leben in Ehe und Familie

Kirchliches Engagement in Verbindung mit Ehe und Familie

Schon seit Jahrhunderten sind christliche Laien sozial engagiert. Mittelalterliche Bruderschaften sorgten sich um soziale Unterstützung. Im 19. Jahrhundert entstanden unzählige katholische Vereine – unter ihnen viele, die auch um die soziale Sorge bemüht waren. Auch katholische Arbeitervereine setzten sich zum Ziel, die materielle Not der Arbeiter zu lindern und die „soziale Frage" der Arbeiterschaft mit Maßnahmen im Sinne der Würde der Arbeiter zu beantworten. Aber es fällt auf, dass die Initiative zur Errichtung von Sozial- und Bildungseinrichtungen sehr oft von Geistlichen ausging: Johannes Bosco in Turin oder Adolph Kolping in Köln sind die bekanntesten Beispiele.

Auch die KAJ wurde von einem Geistlichen gegründet. Aber Joseph Cardijn förderte in den 1930er-Jahren auf ganz neue Weise das Mandat der Laien: „Jeder junge Arbeiter ist mehr wert als alles Gold der Erde." Radikaler als bisherige Sozialbewegungen rief Joseph Cardijn die jungen Arbeiter auf, als Aktivisten selbst tätig zu werden. Ihre Aufgabe war, durch missionarisches Engagement „Gott in die Fabriken" zu tragen und als „KAJist" möglichst viele andere junge Arbeiter für die Bewegung zu gewinnen. Cardijns radikaler Ansatz des allgemeinen Priestertums lautete: „Die ersten und unmittelbaren Apostel der Arbeiter müssen die Arbeiterinnen und Arbeiter selbst sein." Ist eine Vereinbarkeit mit Ehe und Familie möglich, wenn die „Bewegung" den ganzen Einsatz fordert? Lässt ein solches Engagement Platz für Partnerschaft und Familie?

Abschlussrede des Kurssprechers Hans Riedler beim Kurs für Sozialsekretäre in Freising (D)

TeilnehmerInnen am Kurs für Sozialsekretäre in Freising (D)

Hans Riedler bedankte sich an seinem 70. Geburtstag öffentlich bei seiner Frau Eva und erinnerte an die Zeiten der Höhen und Tiefen mit vielen schönen Stunden, aber auch mit phasenweise großen Konflikten, vor allem in den Jahren 1980 – 1982, als Hans Riedler in Freising bei München an einem insgesamt 6 Monate dauernden Kurs (aufgeteilt in mehrere Module von jeweils 2 – 3 Wochen) für Sozialsekretäre der KAB und Betriebsseelsorge Deutschlands teilnahm. Er resümierte rückblickend: „Ich wollte allen gerecht werden – meinen beruflichen Aufgaben und meiner Verantwortung als Ehepartner und Familienvater. Aber das schaffte ich oft nicht – die Zeit reichte nicht, meist zu Lasten der Familie.[29]" Welche Spannung sich insbesondere für Hauptamtliche in der Cardijn-Bewegung auftun und wie Ehe und Familie damit in Einklang gebracht werden können, wird im nächsten Kapitel am Beispiel von Eva und Hans Riedler näher beleuchtet.

[29] Hans Riedler: „Dankbar blicke ich auf 70 Jahre zurück" (Manuskript)

Meine KAJ/KAB-Partnerschaft
Reflexionen von Eva Riedler

Wer weiß, ohne KAJ/KAB wären wir nie zusammen gekommen. Und viele andere auch nicht. Die nationale und internationale Vernetzung der KAJ begründete immer wieder private Partnerschaften über die Bundesländer und auch über die Grenzen Österreichs hinweg. In meinem Fall ist es eine Ehe zwischen einem Oberösterreicher und einer Tirolerin.

Ich wurde 1945 in Hall in Tirol geboren und wuchs in einer sozialdemokratischen Arbeiterfamilie auf. Mein Vater war im Wasserwerk beschäftigt, meine Mutter war Fabrikarbeiterin. Die katholische Kirche spielte bei uns zu Hause keine Rolle. Meine Eltern waren nicht kirchlich verheiratet. Mein Vater war außerdem wegen einer Verhaftung in den 1930er Jahren sehr schlecht auf die Kirche zu sprechen.

Da aber die einzige Mädchenschule in Hall die Klosterschule der Sacre-Coeur-Schwestern war, kam ich doch mit der Kirche in Kontakt. Ich besuchte – wie von den Schwestern gewünscht – die Gottesdienste und lernte auf diese Weise die Kirche kennen. Auch von ihrer problematischen Seite. Beispielsweise war ich ziemlich überrascht, als mir bei der Erstkommunion eine der Ordensschwestern sagte, ich sei ein „Kind der Sünde" – wegen der Einstellung meiner Eltern. Nach der Schule waren meine drei älteren Brüdern und ich häufig auf uns alleine gestellt. Wir mussten auch viel Haushaltsarbeit übernehmen.

Mit der Lehre kam die KAJ in mein Leben. Ich lernte nach Ende der Schulpflicht Einzelhandelskauffrau im VW-Werk. Nach Abschluss der Lehre wechselte ich ins Tiroler Röhren- und Metallwerk. Schon während der Lehrzeit war ich in Hall in einer KAJ-Gruppe, wurde später Jung-KAJ-Führerin und Gebietsführerin. Ich war auch in einer Aktivistenrunde. Meinem Vater war dieses Engagement nicht besonders recht, er unternahm aber auch nichts, um es zu verhindern. Und so wurde ich eines Tages gefragt, ob ich nicht Jung-KAJ-Mädchen-Diözesansekretärin werden möchte. Ich wollte und übersiedelte nach Innsbruck. Das KAJ-Büro war im Haus der Begegnung in der Tschurtschenthalerstraße.

Hans kam 1970 in mein Leben. Wir lernten uns bei einer KAJ-Studienfahrt ins Elsass kennen, die von der Nationalleitung organisiert war. Es

Das erste Foto, das Hans Riedler von Eva Seelos bekam

Eva und Hans Riedler 2009

dauerte einige Zeit, bis ich seine Annäherungsversuche erwiderte. Wir verliebten uns – mussten aber im ersten Jahr eine Fernbeziehung führen. Hans war in Wien und ich in Innsbruck. Wir sahen uns nur selten, schrieben aber viele Briefe und telefonierten so oft wie möglich.

Eine Dauerlösung war das nicht. Also haben wir im Sommer 1971 geheiratet, zuerst standesamtlich in Hall in Tirol und dann kirchlich in der Christlichen Betriebsgemeinde Voest in Linz, Oberösterreich. Gelebt haben wir damals in einer 33-Quadratmeter-Wohnung im 17. Bezirk in Wien. Hans war noch immer Nationalsekretär der KAJ. Ich war auf Arbeitssuche, wollte etwas Soziales oder etwas mit Kindern machen. Wien war für mich eine völlig fremde Stadt und ich war meist mit einem Stadtplan in der Hand unterwegs. Arbeit fand ich zunächst keine.

Doch dann vermittelte mir Josef Mayr, Bundesseelsorger der KAJ-Mädchen, eine Stelle im Katholischen Jugendwerk in der Johannesgasse. Ich war Sekretärin für den Auslandssozialdienst und für die KAJ.

Unser erstes Kind, Claudia, kam 1972 in Wien zur Welt. Die Geburt war mit Komplikationen verbunden. Wenige Wochen danach starb zudem meine Mutter. Leider konnte sie ihr erstes Enkelkind nicht mehr sehen. Das war eine schwierige Zeit für mich. Ich fühlte mich in Wien oft alleine, Hans war beruflich viel unterwegs.

1973 nahm Hans eine Stelle als Diözesansekretär der KAB in Linz an und wir übersiedelten in eine etwas größere Wohnung in der Neuen Heimat in Linz. Hier hatte ich mehr Bekannte als in Wien und fühlte mich wohler. Und unsere Familie wuchs. 1974 kam Elisabeth zur Welt, ein Jahr später Michael. Jetzt waren wir zu fünft, aber nicht sehr oft. Hans war weiterhin viel unterwegs und nur selten zu Hause.

Sein zeitaufwändiges Engagement in der KAB führte auch zu Konflikten und ich machte mir Sorgen um ihn. Er war oft abends mit dem Auto unterwegs und ich fürchtete, er könnte am Steuer einschlafen. Aus Sicherheitsgründen fuhr ich daher manchmal sogar zu Abendterminen mit – und unterhielt ihn bei der Heimfahrt, sodass er nicht einnicken konnte.

Wenn Hans aber zu Hause war, engagierte er sich voll für die Familie und unternahm viel mit seinen Kindern, die das immer sehr genossen haben. Wir gründeten mit sieben weiteren Familien eine Hausgemeinschaft – viele davon waren aus der KAJ – und übersiedelten 1978 in die Hofmannstraße in Linz-Urfahr. Wir unterstützten uns gegenseitig bei der Kinderbetreuung und bei den Haushaltspflichten. Unser jüngster Sohn, Florian, kam 1979 zur Welt.

Die Kinder wuchsen heran und für mich wurde es Zeit, nicht mehr nur „die Frau von Hans Riedler" zu sein, sondern mir beruflich etwas Eigenes zu suchen. Es begann damit, dass ich in der Pfarre im Kinderliturgiekreis mitarbeitete. Ich machte die Ausbildung zur Telefonseelsorgerin, um ehrenamtlich tätig zu sein. Ich lernte Masseurin und arbeitete als solche stundenweise in der Praxis eines Arztes. Dann kam die Ausbildung zur Ehe-, Familien- und Lebensberaterin bei der Diözese Linz. In der Abteilung für Ehe & Familie (beziehungleben.at) arbeite ich bis heute. Ich wurde Mediatorin und Psychotherapeutin und bin in freier Praxis als Gesprächstherapeutin tätig – eine Arbeit, die mich sehr ausfüllt.

Unsere Familie war und ist sicher geprägt von Hans' Engagement. Die Kinder haben viel von seinem „sozialen Standpunkt" übernommen. Sie sagen oft, dass sie im Vergleich zu anderen in einer „heilen Welt" aufgewachsen sind. Damit kann nicht der materielle Wohlstand gemeint sein. Das Haushaltseinkommen für die sechsköpfige Familie war nie besonders hoch und wir mussten sparsam mit dem Geld umgehen. Bis heute herrscht aber ein sehr positives Familienklima der gegenseitigen Wertschätzung. Die Kinder pflegen in ihren eigenen Familien die Gemeinsamkeit sehr bewusst. Religiosität leben sie in ihrer eigenen Art und Weise, sicher aber sehr viel loser als wir das taten.

Heute sehe ich, dass wir unsere Vater- bzw. Mutterrolle nach unseren besten Möglichkeiten wahrgenommen haben. Und ich bin sehr froh, dass Hans und ich uns auch durch schwierige Zeiten „gekämpft" haben. Wir können jetzt das Leben gemeinsam genießen und unseren Enkelkindern beim Heranwachsen zuschauen. Das empfinden wir derzeit als ein großes Geschenk.

Bei der Hochzeit von Eva und Hans Riedler

Eva und Hans bei ihrer gemeinsamen Leidenschaft: das Wandern

„Jedes Kind bringt die Botschaft, dass Gott die **Lust am Menschen** noch nicht verloren hat"

Tagore

Der „Qualitätspapa"
Zwei Töchter und zwei Söhne über ihre Kindheit

Wenn wir in der Schule oder anderswo erzählen sollten, was unser Papa arbeitet, war das meist schwierig für uns. Kompliziert war auch das Ausfüllen von Formularen. Dort, wo andere Kinder als Beruf des Vaters „Polizist", „Technischer Angestellter" oder „Arzt" eintrugen, sollten wir „Organisationssekretär" schreiben. Das hat uns Papa so gesagt. Was das aber genau bedeutet, wussten wir nicht. Uns war klar, Papas Job hat etwas mit der Kirche und später mit Arbeitslosen zu tun. Und das Diözesanhaus kannten wir auch – von diversen Besuchen und von den Essensbons. Anstatt sie selbst zu verwenden, hat Papa uns diese manchmal geschenkt. Das war eine Riesenfreude, weil man damit auch in der Konditorei Jindrak Süßigkeiten kaufen konnte.

Eine der Erinnerungen an die KAB-Zeit ist die Arbeit an der Zeitung „information – diskussion". Papa hat mit dem „Basteln" dieser Zeitung viele Stunden verbracht. Wenn wieder eine Ausgabe fertig gestellt werden musste, saß er an seinem Schreibtisch im Wohnzimmer und schnitt Texte und Fotos aus, um sie anschließend zu einem Layout zusammen zu fügen. Stören durfte man ihn dabei nicht. Aber von der Ferne zuschauen konnte man schon. Voll dabei waren wir jedoch, wenn die KAB Ausflüge und Seminare organisiert hatte. Das Bildungshaus Schloss Puchberg und die Burg Altpernstein kannten wir zu dieser Zeit wohl ziemlich gut. Und es gab immer Kinderbetreuung und jede Menge Gaudi.

v.l.n.r.: Michael, Florian, Claudia, Elisabeth

Bei den Gottesdiensten wurde viel gesungen und Gitarre gespielt. Nach der Messe in der Voestgemeinde ging keiner sofort nach Hause, es gab Würstel und etwas zu trinken. Die Gemeinschaft stand immer im Mittelpunkt. Das ist die Art von Kirche, wie wir sie als Kinder erlebt haben. Wir mussten nicht dauernd still sitzen und durften vieles mitgestalten. Es war eine sehr soziale Kirche, in der es darum ging, anderen zu helfen. Theologisch-theoretisches und konservatives Gedankengut hatten da keinen Platz. Deshalb hat sich unser kritischer Blick auf die Amtskirche wohl auch erst später geschärft. Wir waren damit nie in Kontakt gekommen.

Was soziales Engagement bedeutet, haben wir live miterlebt. Es gibt immer Projekte, für die sich unser Papa einsetzt. Manchmal wohnte auch jemand bei uns, der keine Bleibe hatte. Er sucht für andere Arbeit und Wohnungen, sammelt Geld und spricht mit Politikern, um Unterstützung zu bekommen. In Erinnerung ist uns natürlich Hannes, der wie ein "Bruder" bei uns wohnte, weil seine alleinerziehende Mama arbeiten gehen musste. Und die vietnamesischen Flüchtlinge, denen wir bei einem Schulprojekt zunächst „nur" Weihnachtsgeschenke ins Flüchtlingslager Thalheim gebracht hatten. Schließlich wurde aber eine ganze Familie zu Papas „Projekt", er half den Einwanderern in Oberösterreich Fuß zu fassen. Bis heute bedanken sie sich jedes Jahr zu Weihnachten mit einem Besuch und Packerl.

Dass unser Papa mit seinen Projekten und auch Ausbildungen viel unterwegs war, ist ganz klar. Er war eigentlich fast nie da, ich habe die Kinder alleine erzogen. Das hat Mama oft gesagt. Für sie war das bestimmt anstrengend mit vier Kindern mit nur geringem Altersabstand. In unserer Erinnerung – und da sind wir uns alle vier einig – sind aber die vielen Momente des Heimkommens. War das jedes Mal eine Freude, wenn Papa nachhause kam. Er vergaß nie auf die Geschenke, die auch uns unvergessen sind. Selbstgebastelte Bücher mit Bildern, die er aus Zeitschriften ausgeschnitten hatte, Kinderschokolade, Drachen, Kreisel und andere kleine Spielsachen. Wenn er daheim war, hat er sich viel Zeit für seine Kinder genommen. „Qualitäts-Zeit" würde man das heute nennen. Er konnte nur schwer „Nein" sagen. Wir durften auf ihm herumturnen, haben oft Tischtennis gespielt oder waren im Wald Beeren suchen. Für einen Becher Heidelbeeren gab es fünf Schilling. Daraus hat er dann Marmelade gemacht.

Der Papa mit seinen Töchtern Elisabeth (links) und Claudia (rechts)

Papa hat am Wochenende oft gekocht. Seine Spezialitäten waren selbstgemachte Germknödel und Kaiserschmarrn. Keine Lebensmittel wegzuschmeißen ist ihm ein wichtiges Anliegen. Daraus ist eine weitere Spezialität entstanden: das Schmankerl, ein Pfannengericht aus allem, was der Kühlschrank hergibt. Außer Bügeln hat er im Haushalt so ziemlich alles gemacht. Für uns war deshalb immer klar: Männer kochen, putzen und kümmern sich um die

60

„Bist du die Tochter/der Sohn vom Riedler Hans?" Diese Frage hören wir mehr oder weniger oft. Auch wenn es manchmal nervt, weil man schließlich mehr als nur das Kind eines anderen sein will, macht es auch stolz.

Kinder. Erst später haben wir mitbekommen, dass das – vor allem in dieser Generation und bis heute – alles andere als selbstverständlich ist.

„Bist du die Tochter/der Sohn vom Riedler Hans?" Diese Frage hören wir mehr oder weniger oft. Auch wenn es manchmal nervt, weil man schließlich mehr als nur das Kind eines anderen sein will, macht es auch stolz. Wer kann schon von sich behaupten, einen Menschenrechtspreisträger als Papa zu haben. Einiges seiner sozialen Einstellung hat sich wohl auch auf uns übertragen. Zwar sind wir weniger aktiv und nicht dauernd für andere im Einsatz. Soziale Gerechtigkeit ist uns aber wichtig und es ist uns durchaus bewusst, dass wir in einer privilegierten Situation sind. Dank guter Ausbildung, die unsere Eltern ermöglicht haben, geht es uns besser als vielen anderen. Einen Teil davon anderen abzugeben, ist auch uns ein Anliegen. Die Friedensmärsche in Wien, bei denen wir als Kleinkinder live dabei waren, dürften sich „eingebrannt" haben. Frieden auf der Welt ist ein großes Ziel und beginnt – wie wir gelernt haben – bereits im Zusammenleben mit Familie, Nachbarn und Freunden. Und auch wenn die Kirche in Form von Messbesuchen keine große Rolle mehr in unserem Leben spielt, ist uns die Gemeinschaft wichtig. Ohne Familie und Freundeskreis geht's nicht.

Papa mit seinen Söhnen Florian (links) und Michael (rechts)

Wohnprojekt Hofmannstraße

In der Folge der 1968er-Bewegung in Europa waren an vielen Orten Wohngemeinschaften als revolutionäre Gegenbewegung der bürgerlichen Kleinfamilie entstanden und als bewusste Gegenbewegung zum alten Familienmodell gegründet worden. Später nahm die politische Bedeutung dieser neuen Wohnformen ab. Wohngruppen wurden mehr und mehr zu pragmatischen Lösungen, günstigen Wohnraum zu mieten. Auch das Durchschnittsalter von Menschen, die in Wohngruppen lebten, war in den 1980er Jahren auf über 25 Jahre angestiegen. Die zentralen Motive, in Wohngruppen zu wohnen, blieben aber bestehen: Gemeinschaft und Partizipation[30].

Auch in Österreich wurden seit den 1960er-Jahren solche Projekte neuen Wohnens realisiert. Darunter waren, wie zum Beispiel die Kommune von Otto Mühl, spektakuläre Modelle. In deutlich seriöserer Ausrichtung entstand in Oberösterreich (Leonding) damals das erste der von Architekt Fritz Matzinger geplanten Atrium-Häuser, deren Grundmodell gemeinsamen Wohnens (Wohndörfer) er aus Afrika und Asien übernommen hat.

Initiative junger Familien

Auch Hans und Eva Riedler sowie mehrere andere junge Familien, die der Katholischen Arbeiterjugend entwachsen waren, beschäftigte die Idee eines solidarischen Zusammenlebens, die idealerweise von der Werthaltung der KAJ/KAB getragen sein sollte.

Ein erstes Treffen Interessierter fand bereits 1974 statt und man begann über die konkrete Konzeption zu beraten. Anfängliche Ideen, mit dem Wohnprojekt eine Art „KAJ/KAB-Hochburg" zu gründen, setzten sich nicht durch. Auch die Standortfrage war noch immer nicht geklärt.

Als Hans Riedler hörte, dass die von der Caritas gegründete Wohnungsgenossenschaft „Heimat Österreich" in Linz-Urfahr Eigentumswoh-

Regelmäßige Haussitzungen jeweils in einer anderen Wohnung

[30] Vgl. Anja Szypulski: Gemeinsam bauen, gemeinsam wohnen, 2008

Hofmannstraße 10

nungen plante, wandte er sich an die Caritas-Direktion und bekam schließlich die Erlaubnis, Wohnungswerber für ein ganzes Stiegenhaus mit acht Wohnungen in der Hofmannstraße 10 in Linz/Urfahr zu suchen und an Interessierte zu vergeben. Das war 1976. Die Zusammensetzung der Gruppe der InteressentInnen hatte sich inzwischen geändert. Erwartung und Zielsetzung entwickelten sich nun in Richtung eines kinderfreundlichen Wohnprojekts für junge Familien – die solidarische Grundhaltung im KAJ/KAB-Geist eingeschlossen.

Die Caritas-Direktion leitete Hans Riedlers Anliegen an die „Heimat Österreich" – wohl angesichts seines untadeligen Rufs – mit den wohlwollenden Worten weiter, „dass eine Gruppe von acht jungen katholischen Familien … nachbarschaftlich untergebracht werden möchte" und unterstützte das Anliegen, die Interessenten bereits in die Planung der Wohnungen miteinzubeziehen.

Der Stadtteil Schlantenfeld in Linz-Urfahr, wo die Siedlung der „Heimat Österreich" errichtet wurde, dürfte die Wohnungswerber auch von der geografischen Lage her überzeugt haben. Eine ehemalige Aulandschaft der Donau mit ausreichend Grünland, Büschen, Bäumen und dem vorbei fließenden Haselgrabenbach ließen – vor allem für Kinder – eine Idylle städtischen Wohnens erwarten.

Das Wohnprojekt Hofmannstraße

Während der zweieinhalbjährigen Planungszeit wurden die Vorstellungen der künftigen Bewohner ausgiebig diskutiert. Ein relativ hohes Maß an Homogenität schien vielversprechend. Das Durchschnittsalter lag bei 30 bis 40 Jahren. Die Männer waren durchwegs in Sozialberufen tätig, die Einkommen divergierten nicht wesentlich. Die am Ende der Diskussionsphase schriftlich festgehaltenen Grundsätze enthielten drei Schwerpunkte:

Weg von der Isolation, Erleben von Gemeinschaft und Unterstützung beim außerfamiliären Engagement.

Die zugesicherten Mitbestimmungsmöglichkeiten wurden während der Bauphase reichlich ausgeschöpft, etwa die Entscheidung über das Setzen der Wände in den Wohnungen (Raumaufteilung), die Materialauswahl bei Türen und Böden, die Gestaltung des Kellers als Gemeinschaftsraum, die Gestaltung der Freiflächen mit Sträuchern und vieles mehr. Zusätzlich konnte mit Unterstützung der Stadt Linz auf einem der Diözese gehörenden privaten Nachbargrundstück ein großzügiger Spielplatz für die ganze Wohnanlage errichtet werden – befristet bis zum Beginn der geplanten späteren Verbauung.

Einzug und Umsetzung des Konzepts

1978 zogen schließlich acht Familien in der „Hofmannstraße 10" ein. Die Wohnungen sind im Stiegenaufgang auf vier Etagen paarweise angeordnet.

Wie wurde das Konzept gemeinschaftlichen Lebens umgesetzt?

Versperrt wurde nur der Hauseingang. Zum Zeichen gegenseitiger Offenheit wurden an den Wohnungstüren aller Bewohner Türschnallen statt der sonst üblichen Knäufe angebracht. In den ersten Jahren fand alle 14 Tage eine Hausbesprechung statt. Der große Gemeinschaftsraum im Keller wurde gemütlich eingerichtet und diente den Kindern als Indoor-Spielplatz und den Erwachsenen für Feste (Fasching, Geburtstage …). Eine gemeinsame Kaffeerunde der Frauen bildete sich, der kleine Spielplatz vor dem Haus – damals noch keine Bauvorschrift - wurde von den Eltern errichtet. Gewisse Dienste wurden gemeinschaftlich aufgeteilt (Semmelholdienst am Samstagmorgen, Milch vom Bauern, Schneeräumen ….). Neugeborene Kinder wurden besonders herzlich von den Mitbewohnern begrüßt. Die Kinder profitierten vom guten Kontakt der Eltern untereinander. Die Gesamtatmosphäre war von offener Kommunikation geprägt. Das Ausmaß an demokratischer Kultur machte

Geburtstagsständchen für eine Bewohnerin

Fußballspiel Väter gegen Söhne

manchmal auch Mühe. Allein die Auswahl des Bodens für den Gemeinschaftsraum beanspruchte mehrere Haussitzungen.

Rückblick der BewohnerInnen

Die Reflexionen der Wohnerfahrungen veränderten sich mit dem Abstand von der Gründungsphase. 1981, drei Jahre nach dem Einzug, klingen erste Ernüchterungen durch. Herbert Kuri, einer der Bewohner, sagte damals in einem Interview: „Gemütlich beieinander zu wohnen ist eigentlich zu wenig. Ich fürchte, wir wissen nicht mehr recht weiter, alles wird langsam zum Trott."[31] Josef Hochgerner, ein anderer Hausbewohner, sagte damals: „Bevor wir eingezogen sind, haben wir ein klares Ziel vor Augen gehabt. Ich erlebe aber jetzt, dass mir eigentlich mein eigenes Leben und das meiner Familie im Augenblick wichtiger ist als die Hausgemeinschaft, für die mir nicht mehr genug Kraft bleibt."[32] Theresia Ecker fand im Interview für sich als Frau, „dass man der Isolation, die man eigentlich in der Wohngemeinschaft vermeiden wollte, doch nicht ganz entrinnen kann".[33]

2004[34], 25 Jahre nach dem gemeinsamen Start, klingen die Erfahrungen deutlich abgeklärter: Mathias Mühlberger: „Wir wollten so was wie

[31] **Welt der Frau 9 (1981) S. 10 – 13**
[32] **Ebd.**
[33] **Ebd.**
[34] **Welt der Frau 4 (2004) S. 35f**

eine revolutionäre Zelle sein." Im Nachhinein ist er froh, dass manche der Ideologien nicht aufgegangen sind. „Das Ganze hat sich auf ein gesundes Maß reduziert." Einig sind sich die BewohnerInnen rückblickend über die Vorzüge des praktischen Zusammenlebens, über das Klima der Wertschätzung und über viele Vorteile nachbarschaftlicher Aushilfe. Die verbliebene ältere Generation, durchwegs nun im Ruhestand, genießt die neue Lebensqualität. Bleibt noch festzuhalten, dass sechs von acht Familien bis heute im Haus leben.

Die Hofmannstraßen-Kinder

Die großen Gewinner des Wohnprojektes Hofmannstraße 10 dürften die Kinder gewesen sein. In ihren sicher bis zu einem bestimmten Ausmaß verklärten Erinnerungen – sie sind inzwischen alle großjährig und großteils selber Eltern – kommen die ehemaligen Hofmannstraßen-Kinder aus dem Schwärmen nicht heraus.[35] Das Haus war für sie wie eine „Oase", ein „Paradies". Sie schwärmen von den offenen Türen im Haus, von den vielen Gleichaltrigen, davon, überall willkommen gewesen zu sein und von der „Großfamilie". Sie erinnern sich lebhaft an die Mostbirnenschlacht gegen die Biesenfelder über den Bach hinweg, an das Versteckenspielen, an die Theateraufführungen im Kellerraum und an vieles mehr.

Was haben sie in sozialer Hinsicht in dieser Art von Hausgemeinschaft gelernt? Wie es scheint genau das, was heute an fehlenden Werten unserer Gesellschaft so oft proklamiert wird: Den Glauben an das Gute im Menschen, die Freude an der Gemeinschaft, Freiheit, gegenseitigen Respekt, Kreativität und Demokratie.

---

[35] Siehe dazu Michael Waidhofer: Gemeinschaftliches Wohnen. Die Qualität gemeinschaftlichen Lebens mehrerer Familien. Evaluierung einer ungewöhnlichen Wohnform in einem Geschosswohnbau, Linz (Dipl.Arbeit: Universität Linz), 2002, S. 123 – 130.

**Samuel, Faith und Michael:
Familienfoto anlässlich der
Taufe von Michael**

Familienzuwachs

Pflegekinder und Wahlsohn mit afrikanischen Wurzeln

Es begann 1973. Die oberösterreichische KAJistin Ulli Pöstinger, die einige Zeit in Wien lebte, hatte im April 1972 einen Sohn geboren. Der Vater des Kindes war ein ugandischer Student, der aber bereits vor der Geburt in seine Heimat zurückgekehrt war. So blieb die Mutter auf sich alleingestellt. Sie zog nach Linz, suchte Arbeit und einen Betreuungsplatz für ihren Sohn. Rosemarie Kurka, Bundessekretärin der KAJÖ in Wien, und eine Freundin Pöstingers, trat an Hans Riedler heran, ob er und seine Frau Eva Christoph vorübergehend aufnehmen könnten. Eva Riedler willigte ein und nahm – einer Tagesmutter gleich – Christoph einige Monate auf.

Christoph Pöstinger ist vielen bekannt. Er besuchte nach der Pflichtschule die HTL und war erfolgreicher österreichischer Leichtathlet (100 und 200 m Sprint). DI Christoph Pöstinger unterrichtet heute an der Fachhochschule Wiener Neustadt, ist verheiratet und Vater von zwei Buben (Zwillingen). Ulli Pöstinger starb im November 2012 im 68. Lebensjahr.

Ulli Pöstinger († 2012) mit ihrem Christoph

Im Jahr 1974 wurde Hans Riedler von einem ehemaligen Delegiertenkollegen des KAJ-Weltrats um Hilfe gebeten. Eine junge Koreanierin, Columba Hwang, war über die Katholische Frauenbewegung nach Österreich gekommen, um hier eine Haushaltsausbildung zu machen. Während eines vorbereitenden Sprachkurses in Deutschland war Columba schwanger geworden. Vater des Kindes war ein Afrikaner.

Johannes mit seiner Mutter Columba

Da die junge Koreanerin in dieser Situation bei der Heimkehr von ihrer Familie verstoßen worden wäre, bat man Hans Riedler, die junge Frau eine Zeit lang aufzunehmen. Wieder willigte Eva Riedler ein, die zu diesem Zeitpunkt bereits selbst zweifache Mutter war. Die Riedler-Kinder erinnern sich gut an „Hannes, der wie ein Bruder bei uns wohnte, weil seine alleinerziehende Mama arbeiten gehen musste". Columba und Johannes Hwang wohnten zuerst bei den Riedlers und bekamen nach der Übersiedlung in die Hofmannstraße (1978) eine eigene Wohnung im Nebenhaus.

Besuch von Johannes und seiner Patnerin Margit im Gartenhaus bei den Riedlers

Die dritte Geschichte mit dem Resultat einer ungewöhnlichen Familienerweiterung beginnt im Jahr 2001. Samuel Malwal aus dem Sudan war 1999 nach Österreich geflohen. Missionare hatten ihm und seiner Schwester nach Übergriffen moslemischer Rebellen die Flucht ermöglicht, nachdem seine Eltern und eine seiner Schwestern ermordet worden waren. Auf der Flucht verlor er seine zweite Schwester. Sie ist seither vermisst. 2001, nachdem er zuvor in verschiedenen Flüchtlingslagern gewesen war, er über keine anerkannten Personaldokumente verfügte und nun niemand für ihn zuständig war, vermittelte ihn das Jugendamt des Magistrats Linz in die Voest-Pfarre. Man nahm Samuel auf und er arbeitete als Gegenleistung mit, wo er gebraucht wurde. Inge Grillmayr war neben Voest-Pfarrer

Rupert Granegger und Hans Riedler freuen sich mit vielen anderen über Samuels Niederlassungsbewilligung

Rupert Granegger in der ersten Zeit eine der wichtigsten Bezugspersonen. Bemühungen, für Samuel eine legale österreichische Existenzberechtigung zu erreichen, blieben ergebnislos. Sein Asylantrag und sämtliche Berufungsanträge wurden abgelehnt. Die humanitäre Aufenthaltserlaubnis setzte ein halbes Jahr Beschäftigung in Österreich voraus. Beschäftigung zu erlangen war ihm aber als Staatenlosen unmöglich. Zum Glück konnte Samuel nicht abgeschoben werden, da ihn der Sudan nicht als Staatsbürger anerkannte.

Inzwischen hatte Samuel das private Glück gefunden. In Linz lernte er Faith aus Nigeria kennen. Die beiden schlossen im Sommer 2009 die kirchliche Ehe (standesamtlich war mangels Urkunden nicht möglich). Als Wahleltern für die Hochzeit wünschte sich Samuel Hans und Eva Riedler. Sohn Florian war Samuels Trauzeuge.

Die Geschichte fand schließlich ein rundum glückliches Ende. Hans Riedler übernahm auf Wunsch von Voest-Pfarrer Rupert Granegger die Unterstützung von Samuel, um doch noch die fehlenden Dokumente zu bekommen. Was zuerst unmöglich schien, gelang.

Samuel erhielt im Jahr 2010, nach dem Wechsel der Wohnung und damit auch der zuständigen Behörde und mit Hilfe einer sowohl juristisch kompetenten als auch menschlich berührenden Stellungnahme einer Mitarbeiterin aus dem Büro seines Rechtsanwalts, eine Niederlassungsbewilligung und einen Fremdenpass. Im selben Jahr wurden Samuel und Faith glückliche Eltern eines Michael. Hans und Eva Riedler haben damit nochmals „Familienzuwachs" erhalten – sie sind seither auch „Wahlgroßeltern". Florian ist nicht nur Trauzeuge, er wurde auch gemeinsam mit Marlene Taufpate von Michael.

Hochzeitsfoto von Samuel und Faith mit seinen Wahleltern Eva und Hans Riedler und den Trauzeugen Florian und Daniela

Eine neue berufliche Ära – projektorientiert

Zentrum für arbeitslose Jugendliche „B7"

Spätestens Anfang der 1980er Jahre hatte sich die in Europa auftretende Arbeitslosigkeit auch in Österreich bemerkbar gemacht. Ausgelöst durch die internationalen Ölkrisen 1973 (arabisches Ölembargo) und 1979 (Revolution in Iran) war die Arbeitslosigkeit bis 1984 sukzessive auch in Österreich auf vier Prozent angestiegen. Die Jugendarbeitslosigkeit lag sogar 1,5 Prozent über diesem Wert.[36] Diese Entwicklung wurde in der KAJ und KAB intensiv reflektiert – ermutigt durch die päpstliche Enzyklika Johannes Paul II. „Laborem exercens" (Über die menschliche Arbeit) und unterstützt durch den neuen Linzer Bischof Maximilian Aichern (1982 – 2005), der von Anfang an Fragen der Arbeitswelt sehr offen gegenüber stand.

Als 1984 das diözesane Schüler- und Studentenzentrum „B7" (Bischofstraße 7) mit dem Jugendzentrum der Jesuiten „StuWe" am Standort Steingasse zusammengelegt wurde und die Räumlichkeiten in der Bischofstraße frei wurden, lag der Gedanke nahe, die Immobilie für andere Zwecke der Jugendarbeit zu nutzen. Es entstanden Pläne, ein Projekt für arbeitslose Jugendliche zu realisieren. Hinter diesen Plänen stand ein Kreis von InitiatorInnen, darunter Josef Mayr, Werner Höffinger, Julius Brock, Martin Nenning, Anni Falkinger, Heinz Mairhofer und Hans Riedler.

Nach einer Studienreise in die Niederlande im Frühjahr 1984, bei der man bereits Projekte für arbeitslose Jugendliche besichtigte, ging man an die Gründung des Zentrums für arbeitslose Jugendliche „B7" (Bischofstraße 7). Am 15. Mai 1984 wurde die Einrichtung mit dem Namen „Zentrum für junge Arbeitslose" in Anwesenheit von Diözesan-

Erstes Flugblatt der Arbeitsloseninitiative B7

---

[36] Statistik Austria: Eintritt junger Menschen in den Arbeitsmarkt. Wien 2010, S. 28, Modul der Arbeitskräfteerhebung 2009. „So lag die Arbeitslosenquote der Jugendlichen (15 bis 24 Jahre) auch in den 1970er- und 1980er-Jahren etwa 1,5 Prozentpunkte über jener der Personen ab 15 Jahren, in den 1990er-Jahren etwa einen Prozentpunkt über der Gesamt-Arbeitslosenquote". http://www.statistik.at/dynamic/wcmsprod/idcplg?IdcService=G

Das Team des B7 in den ersten Jahren

bischof Maximilian Aichern und Landeshauptmann-Stellvertreter Gerhard Possart eröffnet. Ein juristisch notwendiger Verein „Arbeitsloseninitiative B7" als Trägerorganisation wurde einige Monate später, am 25. Oktober 1984, gegründet. Ihm standen als Obmann Josef Mayr (Leiter der diözesanen Betriebsseelsorge) und als Stellvertreter Hans Riedler (KAB-Diözesansekretär) vor. Das Statut enthält als Vereinszweck „die Schaffung und Führung von Einrichtungen für junge Arbeitslose, gleich welchen Geschlechts, welcher Religion, Partei usw., die deren Bildung, Beratung und Wiedereingliederung in den Arbeitsprozess dienen".[37]

Mit zwei hauptamtlichen Kräften wurde eine Fahrradwerkstätte, eine Bastelwerkstätte als Möglichkeit für eine geringfügige Beschäftigung für Jugendliche sowie ein Club als Aufenthaltsmöglichkeit mit einem einfachen Mittagessen und Beratungsangeboten durch eine Sozialarbeiterin in Betrieb genommen. 1985 konnte mit Arbeitstrainingskursen für junge Arbeitslose begonnen werden. Neben der Leiterin Anna Falkinger war als Berater Heinz Mairhofer und Lore Falkner in der Bastelwerkstätte bzw. Jobbörse tätig. Dazu kamen Zivildiener, Beschäftigte im Rahmen des Akademikertrainings und Praktikanten.

Bereits im ersten Jahr wurden „anfangs mit zwei und dann drei Jugendlichen 250 Fahrräder mit einfachen Mitteln repariert und 35 Gebrauchtfahrräder unter dem Motto ‚aus 3 mach 1' zusammengebaut und dann verkauft".[38]

Den Vorstand des Vereins „B7" bildeten neben Josef Mayr und Hans Riedler, Werner Höffinger (Familienreferat des Landes OÖ), Helmut Gintenreiter (VKB), Ilse Hauder (Arbeiterkammer) und als Beiräte die beiden Mitarbeiter der Christlichen Betriebsgemeinde Voest, Hans Leitenmüller und Robert Dolzer.

---

[37] Chronologie der Ereignisse, Maßnahmen und Verantwortliche 1984 – 2004, Verein „Arbeitsloseninitiative B7", 4020 Linz Rainerstraße 22/V, 2004, Archiv Riedler.
[38] B7 Journal Nr. 67, Dezember 2007, S. 2

Zwei Jahre nach der Gründung (1986) gab es einen Wechsel in der Leitung. Hans Riedler sollte antreten, das Zentrum, das in finanzielle Schwierigkeiten geraten war, neu zu organisieren. Der Ruf an Riedler erging – einmal mehr – von Josef Mayr. Nach 13 Jahren KAB-Arbeit fügte es sich für Riedler gut, eine neue Aufgabe zu übernehmen. Riedler: „Ich hatte keine Ahnung, was auf mich zukommt, aber ich spürte, das ist etwas für mich – und ich sagte am nächsten Tag zu." Gemeinsam mit Katharina Buttinger (pädagogische Leiterin) ging Hans Riedler (Finanzen und Organisation) in der Bischofstraße an die Arbeit. Lore Falkner leitete vorerst die Bastelwerkstatt bzw. die Jobbörse, ehe sie Beraterin und Projektleiterin wurde. Eine zentrale Erfahrung Hans Riedlers in dieser Phase war, nun nicht mehr Betriebsrat, sondern „Chef" zu sein. Nach einer Anlaufzeit lernte er immer mehr, als Verantwortlicher auch Entscheidungen treffen zu müssen.

Beratungs-Team mit Geschäftsführer Helmut Bayer, Nachfolger von Hans Riedler

Nach der Gründungs- und Pionierhase erlebte der Verein „B7" in den 1990er-Jahren eine Professionalisierungsphase und baute seine Aktivitäten stark aus. Die Projekte entwickelten sich von unverbindlichen Angeboten zu professionellen Dienstleistungen in enger Zusammenarbeit mit dem Arbeitsmarktservice, Bundesministerium für Soziales, Land Oberösterreich, Stadt Linz, Arbeiterkammer und Bischöflicher Arbeitslosenstiftung.

Aus der 1989 gegründeten Einrichtung einer arbeitsmarktpolitischen Beratungs- und Betreuungseinrichtung in Zusammenarbeit mit der Arbeitsmarktverwaltung (später AMS) wurde 1991 eine Beratungsstelle für arbeitssuchende Menschen (B.A.M.). In einem viel beachteten Referat sagte Roman Obrovski, der Landesgeschäftsführer des Arbeitsmarkservice (AMS), bei der Eröffnung: „Wer Arbeitslose unter Schmarotzerverdacht stellt, weiß entweder

Bischof Maximilian besucht die Fahrradwerkstatt

B7 journal

Nr. 8 – September 1991

VEREIN „ARBEITSLOSENINITIATIVE B 7"
4020 Linz, Bischofstraße 7, Tel. 0732 / 78 19 86

Sozialschmarotzer?

„Wer Arbeitslose unter Schmarotzerverdacht stellt, weiß entweder nicht, wovon er redet oder er ist ein politischer Übeltäter. Er prangert keinen konkreten Mißbrauch an, sondern diffamiert alle Menschen, die auf die Arbeitslosenversicherung angewiesen sind."

„Die katholische Kirche ist eine der wenigen Institutionen, die dem Paradigma von der vollkommenen Wirtschaft und den unvollkommenen Arbeitslosen bisher nicht erlegen ist. Was die Kirche allein in Oberösterreich mit der Arbeitslosenstiftung und dem B 7 geleistet hat, ist mehr als ein Zeichen: das ist konkrete Hilfe für jene, die der Härte des Arbeitsmarktes nicht gewachsen sind, Hilfe, die auch vom finanziellen Umfang her anderen Einrichtungen ein Beispiel gibt."

Dr. Roman Obrovski, Leiter des Landesarbeitsamtes OÖ bei der Eröffnung des B. A. M. (Beratungszentrum für arbeitsuchende Menschen) am 6. Juni 1991

„Wer Arbeitslose unter Schmarotzerverdacht stellt, weiß entweder nicht, wovon er redet, oder er ist ein politischer Übeltäter."

nicht, wovon er redet, oder er ist ein politischer Übeltäter."[39] Das Ursprungsprojekt, das Fahrradzentrum „B7", besteht bis heute, wechselte aber mehrmals den Standort (Bischofstraße, Oberfeldstrasse, Waldeggstraße, Kapuzinerstraße). Einige Projekte, wie der Fahrradverleih (Initiator Mag. Ernst Schuller) mit anfangs mehr als 20 Verleihstellen (1988 – 1995), oder der Fahrradbotendienst „Velo B7" (1990 – 1993) mussten nach einiger Zeit wieder eingestellt bzw. an andere Betreiber (Eugen Illenberger) übergeben werden. Ein Gastro-Projekt „Kulinarium" (ab 1997) mit 20 Transitarbeitsplätzen wurde im Jahr 2000 mangels weiterer Förderung an die „Diakonie", den Sozialverband der evangelischen Kirchen, abgegeben.

Im April 1989 wurde Hans Riedler zum Obmann des Vereins „Arbeitsloseninitiative B7" gewählt. Riedler, der inzwischen Geschäftsführer der 1987 errichteten Bischöflichen Arbeitslosenstiftung geworden war, übte diese Funktion nunmehr neben den Agenden der Bischöflichen Arbeitslosenstiftung aus. Im Jahr 1999 wurde mit Helmut Bayer der erste hauptamtliche Geschäftsführer des „B7" angestellt. Hans Riedler blieb dem „B7" treu verbunden. Erst als er 2001 die Alterspension antrat, wurde er von Caritas-Direktor Mathias Mühlberger als Obmann abgelöst, arbeitete aber weiterhin bis November 2007 im Vereinsvorstand mit.

Heute umfasst das „B7" sieben verschiedene Einrichtungen:

- von Beginn an das „B7 Fahrradzentrum",
- seit 1991 die Beratungsstelle für Arbeit suchende Menschen (B.A.M.)
- seit 1999 das Beratungsprojekt B.A.G. (Beratung für Arbeit und Gesundheit/heute B7 Pensionsberatung).
- Im Jahr 2001 erreichte der Verein den Status einer Familienberatungsstelle und konnte so die „B7 Familienberatung für Arbeit und Beruf" einrichten.
- die B7 Arbeitsstiftung (Coaching und Qualifizierung für Arbeitssuchende)
- das B7 Projekt für nachhaltige Organisationsberatung
- das Projekt Case Management Mindestsicherung (C.M.M.)

---

[39] Chronologie der Ereignisse, Maßnahmen und Verantwortliche 1984 – 2004, Verein „Arbeitsloseninitiative B7", 4020 Linz Rainerstraße 22/V, [2004], Archiv Riedler

Bischöfliche Arbeitslosenstiftung

Das Problem der Arbeitslosigkeit hatte sich in den 1980er-Jahren verschärft. Im Zuge der Krise der Verstaatlichten Industrie waren im April 1987 in Oberösterreich erstmals mehr als 30.000 Personen arbeitslos gemeldet[40]. Verschiedene soziale Initiativen entstanden. Auch in der Diözese Linz sahen sich Verantwortliche aufgerufen, eine Initiative zu setzen. Angeregt von den Verantwortlichen der Arbeitnehmer- und Betriebsseelsorge beriet der diözesane Pastoralrat schon 1987 Fragen der Arbeitslosigkeit und kam zum Schluss: „Die Kirche darf an diesem immer größer werdenden Problem nicht vorbeischauen."[41]

„Jetzt konnte ich mich so richtig entfalten – ein konkretes Projekt und eine Stiftung im Hintergrund."

Ergebnis war die Errichtung einer Bischöflichen Arbeitslosenstiftung durch Diözesanbischof Maximilian Aichern am 1. Mai 1987. Die Stiftung sollte mittels Spenden und Selbstbesteuerungsgeldern der Katholiken und Katholikinnen, mit diözesanen Mitteln[42] sowie öffentlichen Zuschüssen Beschäftigungsprojekte und Hilfsmaßnahmen für Arbeitslose unterstützen helfen. Auf der Suche nach einem Geschäftsführer stieß man schnell auf Hans Riedler. In einer Art Mitverwendung (20% der Anstellung) kümmerte sich Riedler zwar weiter um das diözesane Jugendarbeitslosenprojekt „B7", wurde aber als Geschäftsführer der neu geschaffenen Arbeitslosen-

Kollegium der Bischöflichen Arbeitslosenstiftung unter Vorsitz von Josef Mayr und Geschäftsführer Hans Riedler; v.l.n.r.: Edith Hagg, Kurt Rohrhofer, Franz Kurz, Hans Riedler, Josef Mayr, Franziska Ahamer, Andreas Gebauer, Grete Schneller und Josef Wöckinger

[40] Linzer Rundschau, 11.6.1987, S. 5
[41] Eduard Ploier, geschäftsführender Vorsitzender des Pastoralrates nach der Sitzung am 28. März, zitiert nach LKZ, 2.4.1987, S. 5
[42] Die Diözese Linz stellte zusätzlich zum anteiligen Personalaufwand 1,5 Mio. Schilling als Starthilfe zur Verfügung.

stiftung installiert. Riedler: „Jetzt konnte ich mich so richtig entfalten – ein konkretes Projekt und eine Stiftung im Hintergrund."

Ziele der Stiftung, hinter der ein diözesanes Stiftungskollegium unter dem formellen Vorsitz des Diözesanbischofs[43] steht, sind: a) die finanzielle Unterstützung von Arbeitsloseninitiativen (incl. Einzelfallhilfen durch die Caritas), b) Zusammenarbeit mit Einrichtungen mit ähnlichen Interessen und Zielen, und c) Öffentlichkeitsarbeit und Bewusstseinsbildung innerhalb der Kirche und in der Gesellschaft.

Groß war die Freude der Kollegiumsmitglieder der Stiftung, als sie bereits bei der konstituierenden Sitzung für den Mühlviertler Verein für Arbeit und Ausbildung eine Unterstützung von 70.000 Schilling beschließen konnten, weil Bischof Aichern ein ihm anvertrautes Sparbuch als Startkapital zur Verfügung stellte.

Die Bilanz der Bischöflichen Arbeitslosenstiftung kann sich sehen lassen. Bereits in den ersten drei Jahren des Bestehens konnten 39 Arbeitslosen- und Sozialprojekte sowie (in Zusammenarbeit mit der Caritas) viele

Landesrat Josef Ackerl gratuliert zu 10 Jahren Bischöfliche Arbeitslosenstiftung.

---

[43] Stellvertretender und damit geschäftsführender Vorsitzender der Arbeitslosenstiftung war Josef Mayr.

Das Team der Hauptamtlichen bei einer Geburtstagsfeier v.l.n.r.: Inge Andexlinger, Franz Kurz, Hans Riedler und Anni Gaßner

einzelne Arbeitslose im Ausmaß von insgesamt mehr als sieben Millionen Schilling unterstützt werden. Einnahmenseitig war der Fonds durch Spenden mit 7,5 Millionen Schilling dotiert. Zusätzliche 1,5 Millionen Schilling stellte die Diözese Linz zur Verfügung.

Hans Riedler war vor allem auch die Öffentlichkeitsarbeit zum Thema Arbeitslosigkeit ein großes Anliegen. Es wurde innerhalb der Stiftung sogar ein eigenes Profil für diese Tätigkeit beschlossen. Ein Arbeitskreis „Öffentlichkeitsarbeit" wurde eingerichtet. Gemeinsam mit der Plattform der o.ö. Sozialprojekte wurden eine Reihe von Aktionen und Veranstaltungen geplant. Im Oktober 1991 war die Bischöfliche Arbeitslosenstiftung Mitveranstalter einer Enquete „Arbeitslos, krank, alt – drei Wege in die Armut", die im ORF-Landesstudio stattfand. Die Bischöfliche Arbeitslosenstiftung veröffentlichte zu diesem Anlass Sozialpolitische Leitlinien „Chancen für die Chancenlosen – Arbeitslose zwischen Arbeitsmarkt- und Sozialpolitik", für die Hans Riedler namens des Redaktionsteams verantwortlich zeichnete. Darin werden u.a. eine aktivere Arbeitsmarktpolitik, längerfristige Unterstützung von Arbeitsloseninitiativen, mehr Zeit für Arbeitssuchende und längerfristige Rahmenverträge für MitarbeiterInnen in Sozialprojekten gefordert.

Die Bischöfliche Arbeitslosenstiftung wurde zunehmend zu einer anerkannten, soziapolitisch bedeutsamen Einrichtung in Oberösterreich.

Die Liste der unterstützten Projekte der Bischöflichen Arbeitslosenstiftung weist nicht nur das Ausmaß der Hilfe durch die Stiftung aus, sie zeugt auch von einer Dynamik vieler entstehender regionaler und lokaler Initiativen in Oberösterreich, die das Phänomen Arbeitslosigkeit als Ausgangspunkt ihres Engagements nahmen und die von der Arbeitslosenstiftung Unterstützung erhielten: Beispiele dafür sind:

Verein für psychosoziale Initiativen (P.S.I.), ein Lernhilfeprojekt im STUWE, die Halslacher Erzeuger-Verbraucher-Initiative „Gwölb", der Verein Kindergruppe „Rasselbande", die Freiwald-Werkstätten in Rainbach b. Freistadt[44], der Trödlerladen in Linz, der Verein für Arbeit, Beratung und Bildung (VABB), die Rieder Initiative für Arbeit (RIFA), eine Seminarreihe für Menschen mit Erfahrung von Arbeitslosigkeit im Bildungshaus Betriebsseminar, der Arbeitslosentreff Linz-Land (Traun), der Verein „Arbeitslose helfen Arbeitslosen" (AhA), die Sozialstiftung für Langzeitarbeitslose und viele mehr.

Bischof Maximilian Aichern, Gründer und Förderer der Bischöflichen Arbeitslosenstiftung, zeigte sich vom Erfolg der Stiftung angetan. Er habe, berichtete er, „viele schöne, oft ergreifende Erlebnisse", wenn ihm Erstkommunionkinder und Schulklassen etwas vom Ersparten oder pfarrliche Gruppen den Reinerlös von Aktionen für die Stiftung überreichten.[45] Und seine Sekretärin rief dann am nächsten Tag bei Hans Riedler an und teilte ihm mit, es wäre wieder „ein Kuvert" zum Abholen bereit.

Die Frage, ob die Stiftung nicht nur Oberflächenkosmetik betreibe, anstatt die Strukturen zu verändern, beantwortete Josef Mayr so: „Derzeit kann die Wirtschaft nicht so angekurbelt werden, dass es Vollbeschäftigung gibt. Wir können nur ein kleines Zeichen setzen, was für ein paar Dutzend Arbeitslose eine Lösung ist. Größere Lösungen müssten auf politsicher Ebene fallen", zum Beispiel die Neuverteilung der Arbeit durch Einführung der 35-Stunden-Woche.[46] In den ersten fünf Jahren des Bestehens konnte die Stiftung insgesamt 60 Arbeitsloseninitiativen mit einem Gesamtbetrag von rund elf Millionen Schilling unterstützen.[47]

Die Arbeitslosenstiftung half aber nicht nur Arbeitslosen, sie trug auch in der Öffentlichkeit viel zur Glaubwürdigkeit der katholischen Kirche bei. Hans Riedler: „‚Wenn es euch nicht gäbe, wäre ich schon aus der Kirche ausgetreten'. Diese für einen Vertreter der Kirche wertschätzenden Worte klangen wohltuend. Ich hörte sie nicht nur einmal."

„Wenn es euch nicht gäbe, wäre ich schon aus der Kirche ausgetreten."

---

[44] LKZ vom 14.12.1989
[45] Linzer Rundschau, 11.6.1987, S. 5
[46] Josef Mayr, geschäftsführender Vorsitzender der Bischöflichen Arbeitslosenstiftung, zitiert nach OÖN, 23.2.1988, S. 3
[47] Die Diözese Linz stellte zusätzlich zum anteiligen Personalaufwand 1,5 Mio. Schilling als Starthilfe zur Verfügung. Stellvertretender und damit geschäftsführender Vorsitzender der Arbeitslosenstiftung war Josef Mayr. OÖN 23.2.1988, S. 3, LKZ 6.10.1988 (o. S.), LKZ vom 14.12.1989 (o. S.) und Rückblick „5 Jahre Bischöfliche Arbeitslosenstiftung". In: Interesse Jg. 1992, (o. Nr.), S. 7.

Als Hans Riedler 2001 in Alterspension ging, zog er Bilanz: 1) Durch die Bischöfliche Arbeitslosenstiftung, das heißt durch das Parteiergreifen für Benachteiligte und Menschen mit geringeren Teilhabechancen, wird die Grundbotschaft des Evangeliums erfahrbar. 2) Die Aktivitäten der Arbeitslosenstiftung verschaffen der Kirche öffentliche Anerkennung. Die sozialpolitische Projektszene greift gerne auf die Expertise der Arbeitslosenstiftung zurück. 3) Die Erfahrungen in der Arbeitslosenstiftung haben ihn – Hans Riedler – persönlich sehr erfüllt. Der Religionslehrer und Kabarettist Ernst Aigner, widmete ihm zum Abschied von dieser Tätigkeit den Spruch: „Dem Bischof der Arbeitslosen zur Erinnerung".

Die Geschäftsführung der Bischöflichen Arbeitslosenstiftung wechselte in den folgenden Monaten zu Christian Winkler, dem vormaligen Generalsekretär der Katholischen Aktion der Diözese Linz.

Heute führt die Arbeitslosenstiftung drei eigene Projekte bzw. Betriebe:
- ju-can, das Jugendprojekt der Arbeitslosenstiftung,
- JONA – eine Personalserviceeinrichtung und
- die 1998 gegründete diözesane Arbeitsstiftung.

Christian Winkler, Hans Riedlers Nachfolger als Geschäftsführer der Bischöflichen Arbeitslosenstiftung

Abschied Bischof Aichern

**Lieber Bischof Maximilian,
es gibt vieles, was ich dir noch sagen möchte:**

Ein Auge weint, weil du uns als Bischof fehlen wirst, das andere Auge lacht, weil ich dir von ganzem Herzen für die Zukunft mehr Ruhe und weniger Konflikte wünsche.

Ich erinnere mich gerne und dankbar an dein großes soziales Engagement innerhalb und außerhalb unserer Diözese, an deine oftmalige Forderung nach einer Sozialverträglichkeitsprüfung und vor allem an deine Unterschrift unter das Sozialstaatsvolksbegehren trotz eines anders lautenden Beschlusses deiner Kollegen in der BIKO,

- dass Arbeitslosigkeit von dir sehr oft als „menschenunwürdig und ein nicht zu rechtfertigendes Übel" bezeichnet wurde,
- dass du über Arbeitslosigkeit aber nicht nur gesprochen, sondern in unserer Diözese viele Projekte und Initiativen für und mit arbeitsuchenden Menschen, besonders das B7 und die Bischöfliche Arbeitslosenstiftung, mit großem Interesse verfolgt und gefördert hast,
- an deine Mithilfe und Fürsprache in der BIKO bei der Gründung des Cardijn-Vereins,
- an deine spürbare ideelle und finanzielle Unterstützung aller Bemühungen um den Weiterbestand des Betriebsseminars und einer geistlichen Assistenz für die KAJ,
- dass ich dir immer wieder von meinen Erfahrungen berichten durfte und du meine Arbeit sehr geschätzt und mir dafür 1996 auch den Solidaritätspreis der Kirchenzeitung überreicht hast.

Für dies alles und noch viel mehr ein herzliches
Vergelt's Gott!

Alles Gute und Gottes Segen in Dankbarkeit

Linz, 18. Juni 2005   Hans Riedler

Armutsnetzwerk Oberösterreich

Eine Frucht des öffentlichen Bewusstseinsbildungsprozesses zum Thema Arbeitslosigkeit bzw. eine Reaktion auf den Sozialabbau in Österreich war die Entstehung des so genannten „Armutsnetzwerks", eine Plattform unterschiedlichster (politischer, gewerkschaftlicher und kirchlicher) Institutionen in ganz Österreich. Auch in Oberösterreich schlossen sich zahlreiche Organisationen und Initiativen zusammen.

Ihre Hauptanliegen waren:
a) das Sichtbarmachen und Veröffentlichen von Armut und sozialer Ausgrenzung,
b) einen Rahmen zu bieten für sozialpolitische Diskussionen,
c) sozialpolitische Ziele für mehr Verteilungsgerechtigkeit und Teilhabechancen zu formulieren sowie
d) die politische Umsetzung der Ziele einzufordern.

Das erste von bisher vier Leseheften des OÖ. Armutsnetzwerkes

Ein Vorläufer des Armutsnetzwerks – so Hans Riedler – bestand bereits Ende der 1980er-Jahre mit dem Arbeitskreis „Öffentlichkeitsarbeit" der Bischöflichen Arbeitslosenstiftung. Um die Bewusstseinsbildung auf möglichst breiter Ebene voranzutreiben, hatte Riedler dazu VertreterInnen mehrerer Sozialeinrichtungen und Arbeitslosenprojekte zu Beratungen eingeladen. Daraus wurde eine immer größere Kooperation von Sozialprojekten, kirchlichen Organisationen, Vertretern von Gewerkschaft und Arbeiterkammer sowie der Arbeitsmarktverwaltung. Die Koordination der Aktionsgemeinschaft erfolgte im Sekretariat der Bischöflichen Arbeitslosenstiftung und lag in den Händen von Hans Riedler.[48]

Die Namensgebung des in Oberösterreich im Entstehen begriffenen Netzwerkes entwickelte sich in Varianten, die einander ablösten oder zum Teil ne-

[48] Protokoll des Arbeitskreises „Öffentlichkeitsarbeit".

Fackelzug gegen Armut, 16. September 1998

beneinander existierten. Es begann mit dem „Netzwerk gegen Armut und soziale Ausgrenzung", hieß dann „Aktionsgemeinschaft Menschen gegen Arbeitslosigkeit" (1992), trat später auf als Veranstaltergemeinschaft „Armut – es ist genug für alle da – Umverteilung jetzt" und wurde schließlich zum OÖ Armutsnetzwerk.

Es umfasste das gesamte „Who is who" der oberösterreichischen Sozialszene: Bischöfliche Arbeitslosenstiftung, Caritas, Kath. ArbeiterInnenbewegung, Soziaplattform, Arge für Obdachlose, Arbeiterkammer, ÖGB, Volkshilfe, AhA–Arbeitslose helfen Arbeitslosen, Exit-Sozial, Migrare, Fachhochschule für Sozialarbeit. Phasenweise war der Kreis der Organisationen noch beträchtlich größer.[49]

„Armut – es ist genug für alle da – Umverteilung jetzt"

---

[49] Anfangs waren auch dabei: Schuldnerberatung, Verein für prophylaktische Sozialarbeit, Verein für Sozialprävention und Gemeinwesenarbeit, Sozialreferat der Diözese Linz, Wohnplattform, Institut für Caritaswissenschaften, Diakonie, Pro mente, SOS-Menschenrechte, Gewerkschaft der Privatangestellten, Gewerkschaftlicher Linksblock, Haftentlassene, Institut für Gesellschafts- und Sozialpolitik der Joh. Kepler Universität Linz, AUGE – Alternative und Grüne Gewerkschafter, Gesundheits- und Sozialservice Steyr, Sozialservice Freistadt, Verein MAIZ. Einige Male waren auch vertreten: Sozialabteilung der O.Ö. Landesregierung, regionale Armutsnetzwerke (Vöcklabruck, Wels, Braunau, Steyr), Haus für Mutter und Kind, Kath. Frauenbewegung – Alleinerzieherinnen, B 37.

Hans Riedler – Sprecher des OÖ. Armutsnetzwerkes, 1998

Wer konnte der Sprecher für eine so bunte Ansammlung von Organisationen und Institutionen sein? Schnell fiel der Name Hans Riedler. Er war es, der bei allen Einrichtungen große Anerkennung genoss und der daher mehrmals zum Sprecher dieser unabhängigen Plattform avancierte.

Als 1995 die gesamtösterreichische Armutskonferenz in Salzburg vorbereitet wurde, war in der Liste der Mitveranstalter auch die Katholische Kirche mit dem neu geschaffenen (gesamtösterreichischen) „Forum Kirche und Arbeitswelt" (früher Arbeitsgemeinschaft Arbeitnehmer- und Betriebspastoral/AGAB) vertreten. Im Hinblick auf eine Institutionalisierung der Armutskonferenz eventuell als jährliche Veranstaltung bildete sich österreichweit eine „Armutspolitische Plattform", in der ebenfalls das Forum Kirche und Arbeitswelt vertreten war. Das Forum wählte Hans Riedler von der Bischöflichen Arbeitslosenstiftung Linz als Vertreter in die Plattform, weil „er Sachkompetenz und unmittelbaren Bezug zur Thematik hat"[50].

Im Jahr 1996 kam es zur Gründung des Österreichischen Netzwerkes gegen Armut und soziale Ausgrenzung. Innerhalb des Netzwerks existierten verschiedene spezialisierte Arbeitsgemeinschaften, so z.B. Arbeitslosigkeit und Armut (Hans Riedler), Frauen und Armut, Grundsicherung, Armut im ländlichen Raum, Armut und Kriminalisierung. Auch eine Mitarbeit im European Anti Poverty Network (EAPN) entstand, in dem Netzwerke aus 14 europäischen Ländern verknüpft waren.[51]

In den Bundesländern bildeten sich nach und nach jeweils eigenständige Armutsnetzwerke.

Im Herbst 1998 organisierte das OÖ Armutsnetzwerk im Rahmen einer gesamtösterreichischen Aktionswoche mit dem Thema „Es ist genug für alle da – Umverteilung jetzt" einen Fackelzug, ein Frauentheater, eine Klagemauer und einen von KünstlerInnen gestalteten, nicht für alle erreichbaren „Gedeckten Tisch". 1999 folgte eine Informationsveranstaltung in der Arbeiterkammer OÖ. und die Beteiligung an den gesamtösterreichischen „Aktionswochen gegen soziale Ausgrenzung". Im Vorfeld der gesamtösterreichischen Aktionswoche im Mai des Jahres 2000 mit einem

---

[50] **Protokoll der Vorstandssitzung Forum Kirche und Arbeitswelt vom 10. Oktober 1995, TOP 3b.**
[51] **Protokoll der konstituierenden Versammlung am 15. März 1996.**

„Armutszeugnis für unsere Gesellschaft" und einem Labyrinth „Wege in die Armut" veranstaltete das Armutsnetzwerk OÖ eine Enquete im ORF-Landesstudio „Einbinden statt ausgrenzen". 2001 folgte eine Tagung im Neuen Rathaus in Linz zum Thema „Armut als tägliche Herausforderung – Möglichkeiten und Grenzen der Sozialhilfe in der praktischen Arbeit". Sozialandesrat Josef Ackerl und das „Netzwerk gegen Armut und soziale Ausgrenzung" gaben eine gemeinsame Pressekonferenz. In diesem Zusammenhang erschien auch ein Praxishandbuch zum OÖ. Sozialhilfegesetz. Im Jahr 2001 fand auch ein Aktionstag mit dem Motto „Arm und Reich Österreich" mit einer Reichtumshüpfburg statt, in der man in Geld schwimmen konnte. Diözesanbischof Aichern, Landesrat Ackerl (SPÖ), Anna Eisenrauch (ÖVP), Sepp Wall-Strasser (ÖGB), Hannelore Kleiß vom Armutsnetzwerk und Christian Winkler (Bischöfliche Arbeitslosenstiftung) gaben eine gemeinsame Pressekonferenz. Erstmals im Jahr 2001 wird seither jährlich am 30. April der Tag der Arbeitslosen begangen.

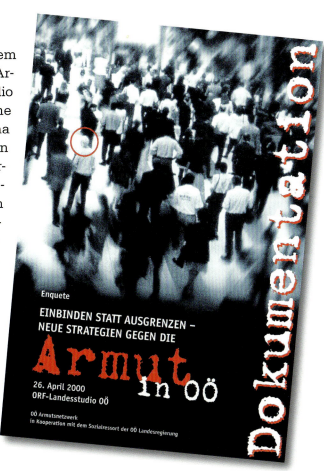

Das OÖ Armutsnetzwerk ist auch Herausgeber von bisher insgesamt vier Leseheften zu den Themen „Gerechte Umverteilung unseres Reichtums" (2001), Armut kann ihre Gesundheit gefährden" (2003), „Arbeitslosigkeit kann jede/n treffen" (2004), „Fair statt prekär" (2008).

Bemühungen um die Errichtung einer Arbeitslosenanwaltschaft, ein Studienhalbtag zum Thema Sozialverträglichkeitsprüfung (2002), eine Enquete „Arbeitslos, krank, alt – drei Wege in die Armut" (2008), eine Befragung der oö. Landtagsabgeordneten zum Thema „Bedarfsorientierte Mindestsicherung" (2010) bildeten weitere Schwerpunkte der vergangenen Jahre.

Wegbegleiter aus fünf Jahrzehnten waren gekommen, um mit Hans Riedler Zwischenbilanz zu ziehen.

Soziales Engagement auf Lebenszeit

Zwischenbilanzfest

Mit Jahresende 2000 trat Hans Riedler mit 62 Jahren in die Alterspension. Typisch für ihn lud er zu keiner Pensionierungsfeier, sondern veranstaltete mit 400 (!) geladenen Gästen ein „Zwischenbilanzfest". Festredner wie Diözesanbischof Maximilian Aichern, Soziallandesrat Josef Ackerl, AK-Präsident Hubert Wipplinger und Caritasdirektor Josef Mayr dankten Hans Riedler und charakterisierten ihn als „optimistisch, energiegeladen und hartnäckig im Verfolgen seiner Ziele".

Roman Obrovski, Landesgeschäftsführer des Arbeitsmarktservice, sagte treffend: „Hans Riedler war, seit ich ihn kenne, ein unermüdlicher, einfühlsamer, erfolgreicher Lobbyist und Kommunikator im Dienste benachteiligter Menschen. Die Zähigkeit, die er dabei an den Tag gelegt hat, hat er nur durch das Geschick überboten, alle möglichen Personen und Institutionen immer wieder in die Pflicht zu nehmen."[52]

Bischof Aichern beschrieb Hans Riedler als „Praktiker durch und durch, der seine Grundsätze auch persönlich lebt".[53] Sein Freund, der Stuttgarter Betriebsseelsorger Paul Schobel, verglich das Wirken von Riedler mit einer Solarlampe: „Wenn wir voll Sonne sind, können wir hineinleuchten in die Eisbuden, wo Menschen vegetieren und wir können Licht bringen ins Zwielicht der heutigen Wirtschaft."[54]

---

[52] Infos. Bischöfliche Arbeitslosenstiftung (Bilder sagen mehr als Worte. 14 Jahre Bischöfliche Arbeitslosenstiftung der Diözese Linz). Nr. 49/Mai 2001, S. 4.
[53] ZeitZeichen Nr. 2/2001, S. 14.
[54] Ebd.

„Auch wenn ich wüsste, dass die Welt morgen zugrunde geht, würde ich noch heute meinen **Apfelbaum** pflanzen."

Martin Luther

Hans Riedler bedankte sich abschließend bei allen Familienmitgliedern, Verwandten, FreundInnen und KollegInnen der verschiedenen Projekte und Arbeitsbereiche für die spürbare Freundschaft und erhaltene Unterstützung mit den Worten: „Ich bin sehr glücklich und dankbar für alle Erfahrungen, Chancen und Begegnungen in meinem bisherigen Leben und blicke voll Freude und mit großem Optimismus in die Zukunft."

Karikatur von Kurt Rohrhofer

Leserbriefe des Tages
DAS DENKEN SIE DARÜBER

Die Einkommensschere geht immer weiter auf

Betreff: Leserbrief zum Beitrag von Dietmar Mascher in den OÖN vom 29. Dezember 2012 „Kein Respekt vorm Eigentum"

Zur erwähnten „Tatsache, dass Österreich – allen Unkenrufen zum Trotz – eine vergleichsweise geringe Schere zwischen Besser- und Schlechterverdienern bzw. Vermögenden und weniger Vermögenden aufweist" erlaube ich mir ein paar Anmerkungen:

In Österreich beträgt die „Einkommensspreizung" zwischen den Höchst- und den Mindesteinkommen 1:800. Und diese auch in unserem Land bereits sehr weit geöffnete Einkommensschere geht den vorliegenden Daten zufolge immer weiter auf, auch innerbetrieblich.

Von 16 analysierten ATX-Unternehmen verdienten im Jahr 2011 die Vorstandsmitglieder durchschnittlich rund 1,3 Millionen Euro, das ist um knapp 20 Prozent mehr als 2010.

Ein Top-Manager dieser Unternehmen erhält damit im Durchschnitt das 48-fache eines „normal" Beschäftigten, vor zehn Jahren war es das 20-fache. Mit Leistung oder Verantwortung/Risiko haben diese Unterschiede sicher nichts mehr zu tun.

Aufgrund dieser meiner Meinung nach durch nichts zu begründenden Einkommensunterschiede fällt es auch mir schwer, den im angesprochenen Artikel vermissten „Respekt vorm Eigentum" zu wahren.

■ **Hans Riedler**, Linz

Worte und Taten

Die SiegerInnen bei der EU-Wahl mögen sich freuen, aber sie sollten die größte Gruppe, die NichtwählerInnen, im Interesse der Demokratie und der immer größer werdenden Bedeutung der EU nicht gering schätzen. Eine von mehreren Ursachen, dass so viele Menschen der Wahl fern blieben, liegt sicher in der Art der vergangenen Wahlauseinandersetzung.

Eine alte Weisheit sollten wir uns bei dieser Gelegenheit in Erinnerung rufen und auch gleich ins „Stammbuch" schreiben: „Achte auf deine Gedanken, denn sie werden deine Worte. Achte auf deine Worte, denn sie werden deine Taten. Achte auf deine Taten, denn sie werden deine Gewohnheiten. Achte auf deine Gewohnheiten, denn sie werden dein Charakter. Achte auf deinen Charakter, denn er wird dein Schicksal."

HANS RIEDLER, Linz

OÖN 15.6.04

Schnelle Einbürgerung

Ich schätze die bisherige Arbeit von Integrationsstaatssekretär Sebastian Kurz. Zu seinem neuen Vorschlag zur schnelleren Einbürgerung habe ich jedoch einige Fragen: Was geschieht mit jenen Österreicherinnen und Österreichern, die über keine Deutschkenntnisse auf Maturaniveau (Mittelschulniveau) verfügen oder die noch keine drei Jahre bei einer Freiwilligenorganisation ehrenamtlich mitgearbeitet haben? Das sind wohl in beiden Fällen ziemlich viele. Wird jetzt diesen Personen die österreichische Staatsbürgerschaft aberkannt?

HANS RIEDLER, LINZ

Zu klärende Verhältnisse

Standard – 18.3.09

Betrifft: „Linzer Bischof entmachtet Pfarrer Friedl"
DER STANDARD, 17. 3. 2009

Ein Mann lebt und liebt schon viele Jahre seinen Beruf als Priester und seine Aufgabe als Pfarrer seiner Gemeinde. Und er liebt auch schon viele Jahre der Natur entsprechend eine Frau. Eine sich wechselseitig bereichernde und in keiner Weise sich widersprechende Situation. Trotzdem muss jetzt dieser Priester seine Liebesbeziehungen „klären". Ich wünsche allen anderen in ähnlichen Verhältnissen lebenden Priestern viel Mut bei der „Klärung" ihrer Liebesbeziehungen. Dann wird auch der Bischof klären müssen, wie er den pastoralen und sakramentalen Dienst in den Pfarrgemeinden aufrechterhalten will. Oder sollten wir Katholiken in Zukunft alle Polnisch lernen?

Hans Riedler
4040 Linz

Leserbriefschreiben als Apostolat

Als Hans Riedler im Jahr 2001 als Geschäftsführer der Arbeitslosenstiftung abtrat und in die Alterspension ging, zog er sich keineswegs aus der Öffentlichkeit zurück. Seit 2003/04 meldet er sich regelmäßig in verschiedenen österreichischen Printmedien mit Leserbriefen zu Wort. In den oberösterreichischen Zeitungsredaktionen ist Riedler längst bekannt, wenn nicht sogar „berüchtigt".

Was ist sein Motiv? Ist es ihm wichtig, seine persönliche Meinung kundzutun? Ist für ihn dieses Engagement eine Form des „Apostolats"? Welchen Stellenwert hat überhaupt ein Leserbrief in den Medien? Welche Reaktionen sind beim LeserInnenpublikum zu erzielen? Wie reagieren Chefredakteure darauf? Diesen Fragen soll in diesem Kapitel nachgegangen werden.

KirchenZeitung Diözese Linz   20. Mai 2010

Arbeit entlasten

Zu den Beiträgen zum Tag der Arbeitslosen, Nr. 17 und Nr. 18

Die vom Armutsnetzwerk OÖ, von der Bischöflichen Arbeitslosenstiftung und der Schuldnerhilfe am Tag der Arbeitslosen zitierten Situationen von Betroffenen und konkreten Fakten sowie aktuellen Zahlen am Arbeitsmarkt unterstreichen die Analyse von Richard Wilkinson, Professor am University College London und vor allem auch die Lösungsvorschläge des britischen Ökonomen Tony Atkinson, ehemaliger Rektor des Nuttfield Colleges in Oxford: Es sei zynisch, von „selber Schuld" oder „sozialer Hängematte" zu sprechen und „es hilft jedenfalls nicht, die Opfer der Wirtschaftskrise und der Arbeitslosigkeit zu Schuldigen ihres Schicksals zu stempeln". Die historische Analyse zeigt deutlich: „Will man der Polarisierung einer Gesellschaft gegensteuern, müsse Vermögen stärker besteuert und Arbeit entlastet werden." Ich freue mich, dass diese Überzeugungen renommierter Experten am Tag der Arbeitslosen auch publiziert wurden – ein wichtiger Beitrag zu den laufenden kontroversen Steuerdiskussionen.

HANS RIEDLER, LINZ

LESERMEINUNG

Unwillig?

Ihre Redakteurin Annette Gantner erinnert in ihrem Kommentar vom 24. 8. 06 (Seite 2) erfreulicherweise an eine oft vergessene Tatsache, die bei der Diskussion über die Vorschläge von Leitl und Westenthaler nicht vergessen werden darf: „Arbeitslosengeld ist kein Geschenk. Man zahlt dafür während seiner Erwerbstätigkeit hohe Beiträge." Danke!

Besonders aber gibt mir zu denken, dass in den verständlicherweise überwiegend ablehnenden Reaktionen auf diese Vorschläge sehr oft den Arbeitslosen im gleichen Atemzug unterstellt wird, sie seien unwillig, Sozialschmarotzer und an keiner Arbeit interessiert.

Wer dieser Meinung ist und dies noch mit der Frage sich von so einem „unwilligen" arbeitslosen Menschen pflegen lassen will, beleidigt pauschal arbeitslose Menschen ebenso wie jene, die mit Recht mehr Achtung für die sehr anstrengenden Pflegeberufe einfordern.

HANS RIEDLER
Linz

„...tslosen sehr oft unterstellt wird, sie seien unwillig und Sozialschmarotzer." HANS RIEDLER, Linz

OÖN - 29. 8. 2006

OÖN 15. 5. 2009

Betrifft

Asylrichtlinie: Angst vor Wahlen?

Die EU hat sich in erster Lesung erfreulicherweise zu einer neuen Richtlinie durchgerungen. Asylwerber sollten in Zukunft nach sechs Monaten Aufenthalt in einem Land grundsätzlich Zugang zum Arbeitsmarkt haben. Eine große Mehrheit – 431 von insgesamt 565 Abgeordneten – stimmte dafür; von den österreichischen Abgeordneten leider nur die Grünen und drei von der SP. Letztere wurden aber inzwischen bereits wieder zurückgepfiffen. Von der Parteispitze hieß es dazu nur, ihr Stimmverhalten sei ohne Bedeutung, denn sie treten bei der kommenden EU-Wahl nicht mehr an.

Ich bin enttäuscht. Eine Unterscheidung zum Verhalten der FP-Abgeordneten ist nicht mehr erkennbar. Ist die Angst vor den kommenden Wahlen schon so groß, dass Grundsätze nur wegen einiger Stimmen leichtfertig über Bord geworfen werden? Asylwerber gänzlich vom Arbeitsmarkt auszuschließen, kann nur jemand befürworten, der selbst noch nie ohne Erwerbsarbeit war und der außerdem die Auswirkungen der oft sehr lange dauernden Asylverfahren bagatellisiert.

HANS RIEDLER,
Linz

Andrea Mlitz zitiert in ihrer Dissertation „Dialogorientierter Journalismus" den stellvertretenden Chefredakteur einer großen deutschen Regionalzeitung mit den Worten: „Es ist bitter für die Redaktion, dass ausgerechnet die einzige Seite, die sie nicht selbst gemacht hat, für die Leser die wichtigste ist."[55] Aus dieser Äußerung geht deutlich das zwiespältige Verhältnis der Redaktionen zu den LeserbriefschreiberInnen hervor.

Leserbriefe führen in der Geschichte Europas mehr als zweihundert Jahre zurück. Der erste Leserbrief war 1786 in einer Zeitung erschienen und gab Ratschläge, wie man gut mit wenig Holz durch den Winter kommt und es trotzdem warm hat. Bis zum Beginn des 20. Jahrhunderts hatte es der Leserbrief zu einer festen Größe in allen Zeitungen und Zeitschriften geschafft. Die Zunft der Redakteure konnte ihm allerdings nicht besonders viel Positives abgewinnen. „Jede Redaktion kennt die Nimmermüden und Immerandersdenkenden, die in lärmendem und überheblichem Vorwurf das Ihrige anbringen müssen. Man freut sich der Nähe des Papierkorbs angesichts solcher Briefe", urteilte ein Redakteur 1930.

In den 1930er Jahren wurden Leserzuschriften immer stärker zur faschistischen Agitation benutzt. 1938 war mit dem NS-Regime das Ende der freien Meinungsäußerung gekommen. Veröffentlichungen dienten prinzipiell der Propaganda. Nach Ende des Zweiten Weltkriegs sorgten die Alliierten Mächte für die Rückkehr der Pressefreiheit und damit zum Comeback des Leserbriefs. Die Presse sollte der Demokratisierung der Bevölkerung dienen – manchmal sogar mit verordneten Stellungnahmen.

In den vergangenen Jahren wurde der Leserbrief von den Redaktionen neu entdeckt und zur Kunden- und Klientelbindung eingesetzt. Diskussionsforen und Blogs im Internet änderten erstaunlicherweise wenig an der Beliebtheit des Leserbriefs. Die Chefredakteure jener oberösterreichischen Zeitungen, in denen Hans Riedlers Leserbriefe hauptsächlich erscheinen (Oberösterreichische Nachrichten, Neues Volksblatt, Linzer Kirchenzeitung), sehen das ähnlich. Die OÖN haben zum Beispiel aus diesem Grund den Raum für Leserbriefe zuletzt erweitert. Leserbriefe dienen ihnen als: Forum für Dialog, runder Tisch (OÖN, Linzer Kirchenzeitung), Methode zur Kundenbindung (Neues

---

[55] Andrea Mlitz,. Dialogorientierter Journalismus, 2006, S. 13.

Volksblatt). Die Oberösterreichischen Nachrichten können etwa nur maximal ein Zehntel der einlangenden Leserbriefe veröffentlichen. Die Menge der Leserbriefe, so die OÖN, ist in den letzten Jahren kontinuierlich gestiegen. Immer mehr Leserbriefe kommen per E-Mail (Neues Volksblatt), was zwar die Quantität, aber nicht unbedingt die Qualität der Leserbriefe erhöht (OÖN). Kirchenkritische Leserbriefe – so die Redaktionen übereinstimmend – sind übrigens je nach Anlass eine deutliche Größe dieses Genres. Vielschreiber unter den LeserbriefautorInnen sind in den Redaktionen „natürlich willkommen" (OÖN). Sie werden dort grundsätzlich an der Qualität gemessen (Neues Volksblatt). Aber auch die Veröffentlichung qualitativer Leserbriefe unterliegt gewissen quantitativen Grenzen („alle sechs bis acht Wochen", zum Beispiel in der Linzer Kirchenzeitung).

Andrea Mlitz hat erforscht, wer Leserbriefe schreibt. „Es ist so, dass der Leserbriefschreiber überwiegend männlich ist, ... er gehört tendenziell der Altersgruppe 50 plus an. Und wenn man sich anschaut, was der Leserbriefschreiber neben dem Leserbriefschreiben macht, dann handelt es sich meistens um ... Lehrer oder Rentner."

Was sind die häufigsten Motive für die Abfassung von Leserbriefen? Zehn Prozent Zustimmung, 80 Prozentanteile Kritik und zehn Prozent undruckbare Hetze oder Nörgelei – das ist kein ungewöhnliches Mischungsverhältnis in der Presselandschaft. Sozial- und Wirtschaftskritik macht – so die Linzer Kirchenzeitung – ungefähr ein Drittel der Leserbriefe aus.

Hans Riedler gehört demnach in gewisser Hinsicht durchaus zu den typischen Leserbriefschreibern. Quantitativ gesehen weicht er allerdings deutlich vom Durchschnitt ab. Hans Riedler hat seit dem Jahr 2004 mehr als 100 (!) Leserbriefe geschrieben, die meist in mehreren Zeitungen ver-

---

Mehr Mittel für Arbeitlose

Die Arbeitslosigkeit steigt seit September 2001 kontinuierlich - in ganz Österreich waren Ende Oktober nahezu 200.000 Personen als arbeitslos registriert, dazu kommen noch weitere zirka 36.000, die sich in Schulungen befinden und alle jene, die ebenfalls Arbeit suchen, beim AMS aber aus verschiedenen Gründen nicht (mehr) als solche gemeldet sind.

Insgesamt eine besorgniserregende Situation. Trotzdem werden die Mittel für die aktive Arbeitsmarktpolitik gekürzt (für OÖ um 103,9 Millionen Schilling), Milliardenbeträge aus Beiträgen zur Arbeitslosenversicherung dem Bundesbudget zur Erreichung des Nulldefizits zugeführt und die Zumutbarkeitsbestimmungen für Arbeitslose weiter verschärft.

Ich fordere daher im Namen aller Betroffenen, speziell der uns in den Projekten des B7 anvertrauten arbeitsuchenden Menschen:

Nicht weniger, sondern mehr Mittel sind bei steigender Arbeitslosigkeit für die aktive Arbeitsmarktpolitik zur Finanzierung von Beratungs-, Qualifizierungs- und Beschäftigungsmaßnahmen erforderlich.

Daher: Keine Kürzung der im internationalen Vergleich ohnehin schon sehr niedrigen Anteile für arbeitsmarktpolitische Maßnamen - Österreich wendet dafür lt. OECD 0,13 Prozent des BIP pro Prozentpunkt Arbeitslose auf, Dänemark zB. 0,34 Prozent und die Niederlande 0,74 Prozent.

Die Beiträge zur Arbeitslosenversicherung sind zweckgebunden zu verwenden.

Daher:

Die Erreichung des Nulldefizits mit den in den Jahren 2001 und 2002 geplanten 35 Milliarden aus Beiträgen zur Arbeitslosenversicherung - auf Kosten der Arbeitslosen - ist entschieden abzulehnen.

Es sind nicht die Arbeitslosen, sondern es muss die Arbeitslosigkeit bekämpft werden.

Hans Riedler
Obmann des Vereines
„Arbeitsloseninitiative B7"

**Linzer Rundschau,
29. November 2001**

> Riedlers Leserbriefe kann man also im Durchschnitt alle 14 Tage lesen.

öffentlicht wurden. Die Anzahl seiner Leserbriefe pro Jahr steigerte sich kontinuierlich vom einem (2003) bis auf 21 (2012). Riedlers Leserbriefe kann man also im Durchschnitt alle 14 Tage lesen.

Begonnen hat alles übrigens schon früher. Bereits in den Jahren 1992, 1996 und 1997 veröffentliche er so genannte „Stellungnahmen" der Arbeitslosenstiftung zum Thema Arbeitslosigkeit in Form von Leserbriefen. Thematisch spiegelt die große Zahl Riedlers Leserbriefe ab 2003 – wenig überraschend – jene Themen wider, für die er schon während seines beruflichen Engagements in der KAB, in der Arbeitslosenstiftung, im Armutsnetzwerk OÖ. etc. stand: Arbeit/Arbeitslosigkeit, Steuern/Umverteilung/Finanzmärkte, Fremdenrecht/Asyl, Soziale Anliegen, Mindestsicherung, Bildung, Kirche, Internationale Solidarität, Drittes Lager u.a.m.

Untersucht man, welche Zeitungen Riedlers Leserbriefe veröffentlichen, so sind von den Tageszeitungen an erster Stelle die Oberösterreichischen Nachrichten (33) zu nennen, gefolgt vom Neuen Volksblatt (12), Standard (4), Kurier (4), Salzburger Nachrichten (3), Krone (1). Bei den Wochenzeitungen veröffentlichte vor allem die Linzer Kirchenzeitung (23), gefolgt von Bezirksrundschau/Linzer Rundschau (ca. 15), Profil (3), Tipps (2), Sonntagsblatt (1) seine Leserbriefe. Naheliegenderweise kann man auch in einschlägigen kirchlichen Monatsschriften Riedlers Leserbriefe finden: KAB-Zeitzeichen (13), KSÖ-Nachrichten (1), KAB-Information Diskussion (1). Ein Überblick über die von Riedler behandelten Themen zeigt: Die meisten Leserbriefe schrieb Riedler zum Thema Steuern/Umverteilung (27), gefolgt vom Thema Einkommen/Mindestsicherung (19) und dem Thema Arbeit/Arbeitslosigkeit (11). Es folgen die Themen Kirche (13) und Fremdenrecht/Asyl (10).

Welche Argumente begegnen den LeserInnen in Riedlers Leserbriefen?

Steuern/Umverteilung

Noch als Geschäftsführer der Arbeitslosenstiftung veröffentlichte Hans Riedler 1997 eine „Stellungnahme/Leserbrief"-Erklärung zur Wertschöpfungsabgabe. Darin wird argumentiert, dass „in Zukunft die Arbeitgeberbeiträge nicht mehr an den Löhnen der Beschäftigten, sondern an der gesamten Wertschöpfung des Betriebes orientiert" sein sollen. Die in Österreich vor allem seit der Finanzkrise 2008 diskutierte Vermögenssteuer fordert Hans Riedler mit dem Argument der Solidarität der Reichen und mit dem Argument des christlichen Teilens. In einem Leserbrief aus dem Jahr 2012, der in den Salzburger Nachrichten veröffentlicht wurde, geht Riedler mit der ÖVP kritisch ins Gericht und formuliert: „Es wird immer unerträglicher, mit welcher Beharrlichkeit ... sich unser Vizekanzler und ÖVP-Obmann als Beschützer der Reichen präsentiert. ... Er ist entschieden gegen Umverteilung, denn, so argumentiert er, man kann nicht so lange umverteilen, bis alle arm sind. Ja, es stimmt, Umverteilung findet laufend statt, aber nicht von oben nach unten, sondern genau umgekehrt. ... Niemand will dem so genannten Mittelstand etwas wegnehmen. Wir wollen von ihnen nur einen geringen und etwas gerechteren Anteil als derzeit, damit sich auch die Mindestsicherungs-, Ausgleichszulagen-, Arbeitslosengeld- und NotstandshilfebezieherInnen und die AlleinerzieherInnen etwas weniger Sorgen machen müssen". Übrigens veröffentlichte den Leserbrief auch die Gemeindezeitung der Gemeinde Peuerbach.

> **Steuersünder**
>
> Kennen Sie den schon: „Ein Mann wird beim Kartoffelklauen ertappt und zur Rede gestellt. Er antwortet: Wir holen die Kartoffeln schon immer bei unserem Nachbarn." Ein Witz, bei dem meist alle herzlich lachen müssen. Die ähnlich lautende Aussage unserer Finanzministerin: „Unser Bankgeheimnis hat eine sehr lange Tradition", ist für mich aber leider nicht zum Lachen, sie macht mich traurig und wütend, und das vor allem deswegen, weil sie vorgibt, damit angeblich die vielen kleinen Sparer schützen zu wollen. Frau Finanzministerin, wir brauchen diesen Schutz nicht. (...) Wollen Sie tatsächlich bereits zu Lebzeiten Schutzpatronin der Steuersünder und Geldwäscher werden? (...)
>
> **HANS RIEDLER**, LINZ
>
> Linzer Kirchenzeitung
> 18. April 2013

Hans Riedler meldete sich auch anlässlich des „Global Wealth Reports 2012" zu Wort. In einem Leserbrief dazu führte er aus: „Das private Vermögen in Österreich wird auf 1.300 Milliarden Euro geschätzt. Davon betragen ... die gesamten Geld- und Finanzvermögen 471 Milliarden Euro. Dazu kommen dann noch rund 880 Milliarden Euro Immobilienvermögen. Millionäre zieht es nach Österreich, weil die Verteilung der Steuerlast in Österreich äußerst ungerecht ist."

Arbeit/Arbeitslosigkeit

Immer wieder tritt Riedler in Leserbriefen gegen die Darstellung auf, Menschen würden die Arbeitslosigkeit als soziale Hängematte missbrauchen, sie seien „Sozialschmarotzer" etc. Als die Oberösterreichischen Nachrichten einen Artikel über die angeblich sehr gute Absicherung von Arbeitslosen mit einem Foto Jugendlicher, die in der sonnebeschienenen Wiese liegen, bebilderten, sah sich Riedler veranlasst, zu reagieren.

Der statistische Terminus „Vollbeschäftigung" wird von Riedler angesichts von 200.000 Arbeitslosen in Österreich, hinter denen ebenso viele

Einzelpersonen stehen, hinterfragt. Auch andere Regelungen, wie die Änderung der Zumutbarkeitsbestimmungen und die Sperre des Arbeitslosengeldes wurden von Riedler als zu den härtesten Europas gehörig ausgewiesen.

Fremden- und Asylrecht

Als 2010 in Österreich die Asylrichtlinien neuerlich verschärft wurden, nahm Hans Riedler dies zum Anlass, Innenministerin Maria Fekter einen Brief zu schreiben. Außerdem verfasste er einen Leserbrief.

Mindestsicherung/Grundsicherung

Als in einem Beitrag der OÖN im Rahmen der Diskussion über die Einführung einer „Reichensteuer" von einem Redakteur zuwenig „Respekt vor dem Eigentum" beklagt wurde, wurde Hans Riedler aktiv und verfasste einen Leserbrief:

Er ortete darin die angeblich fehlenden finanziellen Mittel bei Österreichs „Besitzenden und Spekulanten, die auch hauptverantwortlich für die Krise sind".

Die ablehnende Haltung der ÖVP bei der Einführung der „Bedarfsorientierten Mindestsicherung" erzürnte Hans Riedler. Im Jahr 2010 verfasste er anlässlich des „Europäischen Jahres zur Bekämpfung von Armut und sozialer Ausgrenzung" folgenden Leserbrief: „Dass VP-Spitzenpolitiker die bereits von den Koalitionsparteien vereinbarte Bedarfsorientierte Mindestsicherung … neuerlich infrage stellen und dies dann auch noch mit christlich sozialer Politik begründen, ist für mich unverständlich und entschieden abzulehnen."

Kritik an der Amtskirche

Auch Kritik an der Amtskirche ist ein immer wiederkehrendes Thema in Riedlers öffentlichen Wortmeldungen.

Schon 1999 äußerte er sich in einem Artikel in der „Welt der Frau" kritisch über die Vorgänge in der Kirche. Anlass war die Absetzung Helmut Schüllers als Generalvikar der Erzdiözese Wien durch Kardinal Christoph

Schönborn. Riedler beklagt die autoritären Entscheidungen in der Amtskirche, die im Widerspruch zum Kirchenbild des Zweiten Vatikanischen Konzils stehen und schreibt: „Ob es mir passt oder nicht, die ‚geweihten' Mitarbeiter der Kirche, unter ihnen in besonderer Weise die Bischöfe, prägen ungleich mehr das Image ... der Kirche als wir Laien alle zusammen. Kirche als Volk Gottes, als Gemeinschaft der Glaubenden, ist im Bewusstsein vieler Menschen .... leider nur ansatzweise vorhanden. ... Aussagen und Aktionen von Bischof Krenn .. in den vergangenen Jahren, vor allem aber die von Kardinal Schönborn ... getroffene Entscheidung ... bei der Abberufung von Generalvikar Schüller, bestätigen diese Wahrnehmung in einer Weise, die nicht klarer sein könnte. Viele Menschen, kirchennahe und kirchenferne, empfinden diese Maßnahmen als ungeheuerlich und bedrückend – und das mit Recht. ... Ich habe mich bisher immer aus Überzeugung und mit Freude als kirchlicher Mitarbeiter vorgestellt und engagiert. Das fällt mir jetzt zusehends schwerer."

2004 ergriff er für das von Bischof Maximilian Aichern verantwortete „Sozialwort der christlichen Kirchen in Österreich" Partei und forderte die Entscheidungsträger auf, diesen „Kompass" möglichst oft zur Hand zu nehmen.

Kritische Leserbriefschreiber werden – wenigstens im Falle der Kirche – für Redaktionen oft sogar zu Auskunftspersonen. Als die OÖN nach der Wahl Johann Ratzingers zum Papst in einem Artikel die Meinung von verschiedenen Kirchenvertretern einholte, befragten sie auch Hans Riedler. Seine Meinung damals: „Ich bin enttäuscht und habe noch Hoffnungen."

Auch Bischof Ludwig Schwarz blieb von der Kritik Riedlers nicht verschont. Als Schwarz – angeblich – bei einer ökumenischen Feier dem evangelischen Bischof die Kommunion verweigerte, warf ihm Riedler „unmenschliches Verhalten als oberster Repräsentant der Katholischen Kirche in unserer Diözese" vor. Riedler war aber – wie viele andere – Opfer verkürzter Medienberichte geworden und entschuldigte sich in einem weiteren Leserbrief, dass er der „halben Wahrheit" den „vollen Glauben" geschenkt hatte.

Nichts zurückgenommen an Kritik hat Riedler gegenüber Schwarz in Zusammenhang mit der umstrittenen Ernennung Gerhard M. Wagners zum

---

Linzer Rundschau korrekt
Mittwoch, 7. November 2007 / 45.

Wo bleibt der laute Aufschrei?

BETRIFFT: Zur kritischen Situation der Pfarren und Priester in der Diözese Linz.

Liebe Herren Pfarrer und Dechanten, lieber Herr Bischof! Wie lange wollen Sie noch mitspielen bei dieser unmenschlichen Position der römisch-katholischen Kirche? Manche von Ihnen überlegen sogar, noch eine weitere Pfarre zu betreuen, und sind schon jetzt für die Menschen nicht mehr erreichbar. Vielleicht geben Sie dem Heiligen Geist mit Ihrer aufopfernden Haltung gar keine Chance, das Seinige zu tun. Treue ist eine begrüßenswerte Eigenschaft eines Menschen, aber wenn dadurch ein System aufrechterhalten wird, das gelinde gesagt menschen-, frauen- und priesterfeindlich ist und keinerlei Grundlage im Evangelium hat, dann verkehrt es sich ins Gegenteil. Wann erfolgt endlich ein deutlicher Aufschrei, den Rom nicht mehr überhören kann?

Hans Riedler,
Linz

Bezirksrundschau

Lesermeinung

Langzeitarbeitslose

Ich kann das Fehlurteil, dass es sich Langzeitarbeitslose in der Hängematte gutgehen lassen, nicht nachvollziehen. Die Nettoersatzrate des Arbeitslosengeldes beträgt 55 % vom letzten Verdienst – der vorgesehene Ergänzungsbetrag bis zum Ausgleichszulagenrichtsatz von € 772,- maximal bis zu 60 Prozent bzw. 80 Prozent des Nettolohnes. Die Notstandshilfe, falls Anspruch darauf besteht, beträgt um weitere 5 bzw. 8 Prozent weniger als das Arbeitslosengeld. Und das soll „gut abgesichert" sein? Ich wünsche allen, die dies glauben und dann auch noch verbreiten, nicht, dass sie einmal arbeitslos werden, ich wünsche mir aber, dass diese Personen kolportierte Meinungen und Fakten hinterfragen und dabei auch Betroffene einbeziehen.

Hans Riedler
4040 Linz

4.3.2010

Weihbischof. Riedler: „Ich wünsche mir, ... dass Sie endlich auch über unsere Anliegen und Enttäuschungen mit uns reden und die Probleme so vieler engagierter Christen ernst nehmen."

Riedler ließen auch die Äußerungen im Vorfeld der Wahl von Papst Franziskus nicht kalt. Als Erzbischof Kardinal Schönborn in einem Interview sagte, Gott habe bereits entschieden, die Kardinäle müssten es nur herausfinden, formulierte Riedler: „Aber was ist jetzt mit der jedem Menschen geschenkten Freiheit und Verantwortung? Oder habe ich Kardinal Schönborn falsch verstanden? Wer klärt mich auf?"

Hans Riedler interessiert sich aber mitunter auch für untypische Themen. Als anlässlich des Songcontests die Gruppe Trackshittaz mit dem Lied „Woki mit deim Popo" auftrat, meldete sich Riedler per Leserbrief zu Wort: „Österreich wird demnach mit der einzigen, dafür aber unzählige Male vorgetragenen Aufforderung ‚Woki mit deim Popo' in Aserbaidschan vertreten. Dieser Song mag zu vorgerückter Stunde Menschen in Bierzeltstimmung begeistern, ist meiner Meinung nach aber ein niveauloser Repräsentant Österreichs." Riedler unterschätzte die emotionale Verbindung eines weiblichen Fans mit diesem Lied. Eine Leserin antwortete: „Herrn Riedler möchte ich empfehlen, sich die Beiträge anderer Länder anzuhören." Außerdem verwies sie auf den Beitrag Alf Poiers aus dem Jahr 2003 „Katzerln und Haserln".

Reaktionen

Besonders interessant werden die Leserbriefe durch Reaktionen, die sie hervorrufen oder durch Diskussionen, die sie in Gang setzen:

Ein Leserbrief Riedlers mit einem Plädoyer für die Änderungen der Zulassungsbedingungen zum Priesteramt rief Zustimmung hervor. Eine Frau antwortete via Leserbrief: „Ein Danke an Herrn Hans Riedler für seine klaren Worte! Aussagen wie diese ermutigen mich. Sie lassen mich hoffen, dass sich bezüglich des Zugangs zum Priesteramt vielleicht doch einmal etwas ändern könnte, wenn immer mehr Gläubige diese Notwendigkeit sehen und auch deutlich zum Ausdruck bringen."

Andere Leserbriefe, vor allem jene über sozialpolitische Angelegenheiten, rufen hingegen Verstörung hervor. Ein Leser antwortete Hans Riedler via Leserbrief. „Ihre fast regelmäßigen Leserbriefe sind auffallend. Der letzte zum Thema Mindestsicherung ist zum Kotzen. … Viele Langzeitarbeitslose haben diesen Zustand selbst verschuldet, zum Beispiel die Lehre abgebrochen, Alkoholprobleme, Beziehungsprobleme etc. Aber ihre Feststellung, dass beim Staat Geld vorhanden ist, die schreit zum Himmel, haben Sie sich schon einmal Gedanken über unsere Staatsschulden gemacht?"

Auch Leserbriefe, in denen Riedler sich für AusländerInnen einsetzt, lösen Echo aus. Eine anonym geschriebene Ansichtskarte an Hans Riedler als Reaktion auf einen Leserbrief beinhaltet folgenden Text: „Ausländer raus. Asylwerbergesindel gehören sofort abgeschoben! Nimm sie bei Dir auf Du Trottel!"

Hans Riedler scheut es auch nicht, ausgebliebene Veröffentlichungen seiner Leserbriefe zu urgieren. Als ein Leserbrief über Ungerechtigkeiten unseres Steuersystems von den OÖN nicht veröffentlicht wurden, fragte Riedler in der Redaktion nach: „Sehr geehrter Herr Chefredakteur! Warum geben Sie dieser Meinung keine Chance!"

Antwort des Chefredakteurs: „… ist es leider so, dass nur ein Zehntel der einlangenden Briefe veröffentlicht werden kann …, ich also gezwungen bin, immer wieder bei den Absendern zu mischen und drauf zu achten, dass auch andere zu Wort kommen. Allerdings muss ich auch sagen, dass der Großteil Ihrer Briefe denselben Tenor hat, daher wahrscheinlich vielen Leuten schon bekannt sein wird."

Hans Riedler reagierte umgehend: „Sehr geehrter Herr Chefredakteur! Vielen Dank für die rasche Antwort. Ich sehe ein, dass Sie nicht alle meine Leserbriefe veröffentlichen können. … Es stimmt auch, dass die Inhalte meiner Leserbriefe meistens Fragen der Verteilungsgerechtigkeit betreffen – der Großteil der Brief denselben Tenor hat, wie Sie es bezeichnen. Ich kann einfach nicht verstehen und mich damit abfinden, dass wir einerseits eines der reichsten Länder sind und auf der anderen Seite auch in Österreich so viele Menschen an bzw. unter der Armutsgrenze leben müssen."

> Allerdings muss ich auch sagen, dass der Großteil Ihrer Briefe denselben Tenor hat, daher wahrscheinlich vielen Leuten schon bekannt sein wird.

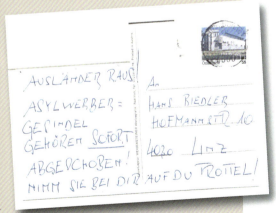

Anonyme Reaktion auf einen von Hans Riedler veröffentlichten Leserbrief

Kirchliche Beheimatung in der Christlichen Betriebsgemeinde Voest
(jetzt: Treffpunkt mensch & arbeit Standort voestalpine)

Als Hans Riedler 1973 die Bundesstelle der Katholischen Arbeiterjugend Österreichs verließ und nach Oberösterreich zur Katholischen ArbeitnehmerInnenbewegung zurückkehrte, stellte sich die Frage der pfarrlichen Verankerung.

Er wohnte in der Neuen Heimat, 1974 und 1975 wurden das zweite und das dritte Kind geboren und Eva engagierte sich etwas im Kinderliturgiekreis der dortigen Pfarre. Nach dem Bezug der Eigentumswohnung in der Hofmannstraße waren die Riedlers wie die anderen Familien des Wohnprojekts in Linz-Urfahr auf der Suche nach geeigneter pfarrlicher Anbindung. Kontakt bestand zur Pfarre Hl. Geist und zur Pfarre St. Magdalena.

Die Riedlers wie auch einige weitere Familien der Hofmannstraße wurden schließlich in der Christlichen Betriebsgemeinde Voest (Wahringer-

PionierInnen der Betriebsseelsorge OÖ.
Hinten stehend v.l.n.r.:
Marianne Seiringer, Adi Völkl, Hans Innerlohinger, Dominik Höglinger, Grete Starzer, Gerhard Lehrner, Kathi Janko, Sepp Ammering, P. Sepp Eßl, Hans Gruber
vorne sitzend v.l.n.r.:
Hermann Leimer, Alois Saurugg, Rosi Kindermann, Josef Mayr, Rosemarie Kurka

straße 30) bei Pfarrer Hans Innerlohinger heimisch. Die sogenannte „Voest-Gemeinde" ist die älteste Einrichtung der Betriebsseelsorge der Diözese Linz für den damaligen verstaatlichten Stahlerzeugungs- und Verarbeitungskonzern Voest. Pfarrer Innerlohinger hatte sich mit seinen sozial- und kapitalismuskritischen Predigten einen legendären Ruf erworben und die Samstagabendgottesdienste der Voest-Gemeinde zogen Menschen aus ganz Linz an.

1 Betriebsgemeinderat (Zusammensetzung seit 2012)
2 Gesellschaftspolitische Runde (GESPOL) (seit 2006)
3 Sozialarbeitskreis (seit 2001)
4 Bar-Team (vor 2011)

Leitungsteam, 2004

Auch die Familie Riedler wurde Teil der „Samstag-Gemeinde". Die Kinder erinnern sich: „Bei den Gottesdiensten wurde viel gesungen und Gitarre gespielt. Nach der Messe ging keiner sofort nach Hause, es gab Würstel und etwas zu trinken. Das ist die Art von Kirche, wie wir sie als Kinder erlebt haben. Wir mussten nicht dauernd still sitzen und durften vieles mitgestalten."

Aus dem gemeinsamen Besuch der Samstag-Abendmesse wurde im Lauf der Jahre mehr. Hans arbeitete mehrere Jahre als ehrenamtliches Mitglied im Leitungsteam der Betriebsgemeinde mit (Eva hat ihn inzwischen in dieser Funktion abgelöst), er leitet seit vielen Jahren den Sozialarbeitskreis und gründete die gesellschafts- und sozialpolitisch ausgerichtete „Gespol-Runde" mit acht Mitgliedern. Derzeit ist er als einer der drei VertreterInnen der sogenannten „Samstag-Gemeinde" – wie auch früher schon – Mitglied des Pfarrgemeinderates, der sich dort Betriebsgemeinderat nennt.

Die Tradition, dass in der Voest-Kirche immer Ehrenamtliche zusammen mit dem Voest-Pfarrer den Gemeindegottesdienst vorbereiten, nahm und nimmt auch Hans Riedler immer wieder zum Anlass für liturgische Betätigung.

Seit Antritt der Alterspension engagiert er sich auch im Team jener, die sich für einen regelmäßigen Bardienst im Gemeindezentrum verpflichten. Dieses Team war im Zuge des Neubaus des Gemeindezentrums bzw. der Neuinbetriebnahme der Bar einigermaßen gefordert.

1 Wanderwoche Zillertal, 2010
2 Männerwanderung Kobernaußerwald, 2011
3 Schifahren in Soraga, 2007

Nicht zuletzt verbindet Hans Riedler mit der Voest-Gemeinde die Bekanntschaft mit Samuel Malwal, jenem Flüchtling, der 1999 aus dem Sudan fliehen musste, nach Österreich kam und nach Aufenthalten in verschiedenen Flüchtlingslagern 2001 in der Voest-Gemeinde aufgenommen wurde. Die Gemeinde, besonders aber Hans Riedler, bemühten sich, ihm den legalen Aufenthalt in Österreich zu ermöglichen. Dies gelang nach zahlreichen Interventionen, mit mehr als 1700 Unterstützungsunterschriften von Freunden und Bekannten sowie den Eingaben seines Rechtsanwaltes. Heute ist Samuel der Wahlsohn der Familie Riedler und lebt mit seiner Frau Faith (geboren in Nigeria) und dem dreijährigen Michael in der Wohnung des Gemeindezentrums im Treffpunkt mensch & arbeit.

1 Gelebte Integration beim Hausteamausflug mit Samuel, im September 2008
2 Hans mit Rupert bei einem Plauscherl an der Theke der neuen Zentrumsbar
3 Startfest am 17. September 2005
4 Nach der Weihnachtsmette 1999

Kontaktanschrift:

Dr. Jörg Ardelt
Beethovenstraße 4
4614 Marchtrenk

L E S E R B R I E F

An alle Bischöfe Österreichs, die sich uneingeschränkt dem Geist des 2. Vatikanischen Konzils verpflichtet wissen.

Brüder in Christus!

Besonders durch die letzten Bischofsernennungen wurde es für uns ganz klar, daß Eure Bemühungen, daß Eure Treue zu den Aussagen des letzten Konzils von den kirchlichen Zentralstellen in Rom große Mißbilligung erfährt. Euer Werk, Eure seelsorgliche Arbeit der letzten 20 Jahre, Euer Weg, den Glauben in unserem Land zu verkünden, wird dadurch in Frage gestellt, von extremen Anhängern des offenbar von Rom verordneten vorkonziliaren Kurses auch öffentlich in liebloser Weise schlecht gemacht. (Vgl. Club 2: Herr Engelmann!) Darüber sind wir enttäuscht, traurig, verunsichert, ja, auch zornig.

Aber wir haben die Hoffnung auf den Geist des 2. Vatikanischen Konzils nicht aufgegeben. Und unsere Hoffnungen ruhen auch auf Euch! Schweigt nicht zu den Vorgängen in unserer Kirche! Sagt, was Ihr wirklich denkt, auch in der Öffentlichkeit, mutig und mit großer Deutlichkeit! Habt keine Angst! Fühlt Euch der Wahrheit verpflichtet! Wir brauchen jetzt Eure klaren Worte, nicht Euer Schweigen! Wir brauchen jetzt Euren Mut, nicht Eure Zaghaftigkeit! Vertraut darauf: Die Wahrheit, der Geist wird sich durchsetzen! Und seid dessen sicher: Wir stehen hinter Euch. Und wir sind überzeugt, daß der überwiegende Teil der Katholiken unseres Landes hinter Euch steht.

Linz, am 4. 2. 1989

Eine Familienrunde aus Linz

Mag. Ludwig Puchinger
Ingrid Puchinger
[illegible]
Marianne Huber
Elisabeth Ardelt
Dr. Jörg Ardelt
Elisabeth Ebrauer

Franz Aschauer
[illegible]
Brigitte Kastenhuber
Eva Riedler
Hans Riedler
Martha Rabenstein
[illegible]

„Freitag-Familienrunde"

Auch die seit 1980 bestehende sogenannte Freitag-Familienrunde verdankt ihre Gründung der Voest-Gemeinde. Mehrere Familien – darunter die Familie Riedler mit ihren vier Kindern – nahmen regelmäßig am Samstagabend-Gottesdienst teil. Die Mütter engagierten sich bei der Kinderbetreuung und im Kinderliturgiekreis. Manche Gemeindemitglieder, vor allem einige ältere, fühlten sich von der Lebendigkeit der Kinder und von manchen Inhalten und Elementen der Gottesdienstgestaltung irritiert. Die geäußerte Kritik veranlasste einige dieser jungen Familien, die Voest-Gemeinde zu verlassen. Familie Riedler und andere blieben, wollten aber den Kontakt zu ihren FreundInnen nicht abreißen lassen. Die Lösung war eine private Familienrunde, zu der sich sieben Paare zusammenfanden. Anfangs traf man sich wöchentlich, später 14-tägig und schließlich monatlich. Zu den Themen der Runde gehören die persönlichen Lebenserfahrungen, aber auch gesellschaftspolitische und kirchliche Themen. Als Ende der 1980er-Jahre in Österreich einige umstrittene Bischofsernennungen die Gemüter vieler KatholikInnen erhitzten, wollte auch die Freitag-Familienrunde nicht schweigen. In einem Leserbrief „an alle Bischöfe Österreichs, die sich uneingeschränkt dem Geist des 2. Vatikanischen Konzils verpflichtet wissen" formulierten sie: „Euer Werk … der letzten 20 Jahre … wird dadurch in Frage gestellt. … Schweigt nicht zu den Vorgängen in unserer Kirche! Sagt, was ihr wirklich denkt, … mutig und mit großer Deutlichkeit! Habt keine Angst! … Wir brauchen jetzt eure klaren Worte."[56]

Heute, nach mehr als 30 Jahren, gehören der Runde 4 Paare an. Zuletzt war die bereits mehrere Jahre andauernde Finanzkrise Thema der Runde. Das Buch: „Johannes Zittmayr: Geld regiert die Welt – wie lange noch?" bietet dazu eine gute Diskussionsgrundlage. Von Papst Franziskus erwarten sich die Rundenmitglieder ein Sozialrundschreiben zur Finanzkrise und haben ihm diesen Wunsch auch bereits schriftlich mitgeteilt.

Die Freitagrunde

1 … in der Gründerzeit
2 … kurz vor Weihnachten 21. Dezember 2012
3 … seit vielen Jahren in dieser Zusammensetzung, Juli 2002
4 … erinnert sich an ihre Hochzeiten

[56] Leserbrief vom 4. Februar 1989, gezeichnet mit „Eine Familienrunde aus Linz" und 14 Unterschriften, Kontaktadresse: Dr. Jörg Ardelt, Beethovenstr. 4, 4614 Marchtrenk.

Rosemarie Kurka und Hans Riedler:
„Auf eine gute Zukunft der KAJ ..."

Cardijn Verein

In den vergangenen 15 Jahren kam es international zu verschiedenen Aktivitäten, Vereinsgründungen und Benennungen von Häusern, die dem Gedenken und der Fortführung des Gedankenguts von Joseph Cardijn[57] dienen. Auch in Linz kam es zu einer solchen Gründung. Anlass dafür war ein Treffen der österreichischen Diözesan- und Bundesverantwortlichen der KAJ mit dem Freundes- und Freundinnenkreis im Bildungshaus Betriebsseminar im Jahr 1998 in Linz. Die besorgniserregende Situationsanalyse zum Fortbestand der Katholischen Arbeiterjugend in den österreichischen Diözesen und die Diskussionen über geplante Strukturänderungen resp. Einsparungen in der kirchlichen Jugendarbeit auf Bundesebene motivierte mehrere Ehemalige, eine Rechtsgrundlage zur Sicherung einer Weiterarbeit im Sinne Joseph Cardijns zu schaffen. Dazu bildete sich ein ProponentInnenkomitee bestehend aus: Johann Ehrenfellner, Manfred Strutzenberger, Hubert Hofer, Gertraud Langwiesner, Hannes Ablinger und Hans Riedler.

Kardinal Joseph Cardijn

Die ursprüngliche Idee, eine „kirchliche Cardijn-Stiftung zur Förderung der Bildungsarbeit der Kath. Arbeiter- und Arbeiterinnenjugend in Österreich" zu gründen, wurde mangels des dafür erforderlichen Kapitals zur Errichtung einer Stiftung verworfen. Realisiert wurde die Gründung eines

PionierInnen der KAJ erinnern sich beim Fest 100 Jahre Cardijn, 1982

---

[57] 1997, zum 30. Todestag Cardijns erschien in der Edition ouvrières der Band: Führe mein Volk in die Freiheit!: (Ex 3,10); Gedanken von Joseph Cardijn [zu wesentlichen Themen unserer Zeit].

von der Österreichischen Bischofskonferenz anerkannten „kirchlichen Vereins"[58] nach dem österreichischen Vereinsgesetz mit dem Namen „Josef Kardinal Cardijn Bildungs- und Unterstützungsverein". Die konstituierende Generalversammlung des von der Vereinsbehörde mit Bescheid vom 28. Dezember 1999 anerkannten Vereins fand am Freitag, 20. Oktober 2000, statt.

Die Ziele des Vereins:

- Die Grundüberzeugungen Cardijns über Berufung und Sendung der Laien zum Apostolat in der Arbeiterjugend, in der Kirche und Gesellschaft immer wieder zur Sprache bringen.
- Die Bildung eines Fonds zur finanziellen Unterstützung der KAJ-Arbeit in Österreich.

64 Personen, die die Ziele des Vereins unterstützten, zählten zu den Gründungsmitgliedern. Hans Riedler wurde zum Obmann gewählt.

Als im Jahr 2010 das Bildungshaus Betriebsseminar, hinter dem als Trägerverein der „Verein zur Förderung der ArbeitnehmerInnenbildung" (auch Verein Bildungshaus Betriebsseminar genannt) gestanden war, aus finanziellen Gründen geschlossen werden musste, wurde 2011 der bestehende Cardijn-Verein liquidiert und 2012 der frühere Verein „Bildungshaus Betriebsseminar" nun mit Bezugnahme auf Cardijn unter dem Namen „Verein zur Förderung der ArbeitnehmerInnenbildung im Sinne Josef Cardijns" (Cardijn Verein) auf eine neue vereinsrechtliche Basis gestellt. Sitz des Vereins ist in Linz.

In den Satzungen des neuen Vereins heißt es: „Der Verein erstreckt seine Tätigkeit auf Europa. [Er] steht in der ökumenischen Tradition der christlichen Soziallehre und -ethik, der Grundüberzeugungen Joseph Cardijns und der Befreiungstheologie.

Er fördert Bildung, Forschung und Dokumentation in den Bereichen Arbeit, Wirtschaft, Soziales und Theologie." Hans Riedler ist Obmann-Stellvertreter.

---

[58] Im Sinne des Kirchenrechts CIC Can. 321.

Zur Feier 100 Jahre Cardijn am 13. November 1982 sind viele Alt-KAJ-istInnen gekommen.

Ernst Forstner, Pfr. Johann Weidinger und Ruth Musall (v.l.n.r.) standen in der Diözese Linz an der Wiege der KAJ.

Sozialstammtisch

Der Sozialstammtisch wurde 1997 gegründet und ist auf seine Weise eine Erfolgsgeschichte. Offiziell getragen von den kirchlichen Arbeitnehmerorganisationen und Bildungseinrichtungen in Zusammenarbeit mit dem ÖGB[59], ist die Gründung mit dem sozialen Engagement von Hans Riedler eng verbunden[60]. Mit bewährt guter Vernetzung gelang es ihm 1997 – damals noch als Geschäftsführer der Bischöflichen Arbeitslosenstiftung – eine Anzahl von Trägerorganisationen für dieses Projekt zu gewinnen und monatlich einen Sozialstammtisch zu aktuellen Sozialfragen zu veranstalten. Das Ziel der gemischt zusammengesetzten kirchlichen und gewerkschaftlichen Veranstaltergemeinschaft ist nicht eine Aktionsgemeinschaft, sondern sich zu informieren, zu analysieren und gemeinsam Zukunftsperspektiven zu entwickeln.

Josef Ackerl, Referent beim 1. Sozialstammtisch, 5. Februar 1997

Veranstaltungsort war und ist das Bildungshaus Betriebsseminar, jetzt Cardijn-Haus in der Linzer Kapuzinerstraße. Themen der Sozialstammtische waren unter anderem: Soziale Verantwortung der Kirche und der öffentlichen Hand. Wem gehört der Wohlstand? Gibt es noch eine Frauenpolitik? Recht und Respekt in Zeiten der Krise usw. In mehr als zehn Jahren kam es auch zu gewissen Veränderungen. So wurde auf den monatlichen Fixtermin verzichtet, um namhafte ReferentInnen die Zusage zu erleichtern. Bereits beim ersten Sozialstammtisch mit Landesrat Josef Ackerl kamen 85 Personen. Die durchschnittliche Teilnehmerzahl beträgt 45. Bei Referenten wie Anton Pelinka, Bischof Maximilian, Stephan Schulmeister, Markus Marterbauer oder Rudolf Hundstorfer wird der Sozialstammtisch mit mehr als 100 Besuchern allerdings zur Großveranstaltung.

Feier zum 50. Sozialstammtisch

Am 30. Jänner 2012 fand der 100. Sozialstammtisch im Beisein der Bischöfe Ludwig Schwarz, Maximilian Aichern sowie AK-Präsident Johann Kalliauer statt. Der Referent Markus Marterbauer stellte zum Thema „Zahlen bitte – Zahlen auf den Tisch" klar: „Nicht der Sozialstaat, sondern die Finanzkrise hat die Schuldenkrise verursacht."

„Nicht der Sozialstaat, sondern die Finanzkrise hat die Schuldenkrise verursacht."

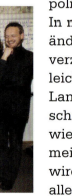

---

[59] Die Veranstaltergemeinschaft besteht konkret aus: Bischöfliche Arbeitslosenstiftung, Katholische ArbeitnehmerInnenbewegung (KAB) OÖ, ÖGB OÖ Bereich Bildung und Zukunftsfragen, Österreichische Gewerkschaftsjugend, Sozialreferat der Diözese Linz, Treffpunkt mensch& arbeit Linz-Mitte.

[60] Hans Riedler spricht von einer Kerngruppe von fünf aktiven bzw. ehemaligen-Betriebsräten: Helmut Grünberger, Franz Bauer, Matthias Weber, Wolfgang Marckhgott und Hans Riedler.

Bischof Ludwig Schwarz betonte: „Was wir zurzeit erleben ist besorgniserregend. Es werden Lebensperspektiven von jungen Menschen durch die Ausbeutung von Natur und Schuldenzahlungen vernichtet. Deshalb braucht es auch die Kooperation von Gewerkschaft und Kirche. Beiden ist Solidarität wichtig, beide wissen sich dem Gemeinwohl verpflichtet."[61]

Johann Kalliauer, Vorsitzender des ÖGB OÖ, würdigte ebenfalls die Bemühungen: „Beim Engagement gegen Arbeitslosigkeit und Armut, für den freien Sonntag und die Menschenwürde nehmen die Katholische Kirche und der ÖGB die gleiche Position ein. Um unserer Ziele zu erreichen, braucht es Verbündete."[62]

Sozialstammtisch zum Thema Grundeinkommen mit Severin Renoldner, 17. September 2008

Das Erfolgsmodell „Sozialstammtisch" wurde übrigens in der Steiermark 1999 aufgegriffen und als „Grazer Sozialstammtisch" ins Leben gerufen[63]. Dort wurde das Projekt von der KAB gegründet und gemeinsam mit anderen Organisationen wie Caritas, Diakonie, Fonds neue Arbeitsplätze und Grüne Akademie veranstaltet.

100. Sozialstammtisch am 30. Jänner 2012.

[61] Presseaussendung anlässlich des 100. Sozialstammtisches.
[62] Ebd.
[63] Entnommen: http://kab.graz-seckau.at/chronik/ [1.April 2013].

„ Text des Volksbegehrens

Die UnterzeichnerInnen begehren folgende Ergänzung der österreichischen Bundesverfassung:

Dem Artikel 1 („Österreich ist eine demokratische Republik. Ihr Recht geht vom Volk aus.") wird ein Absatz 2 angefügt.

Dieser lautet:

„Österreich ist ein Sozialstaat. Gesetzgebung und Vollziehung berücksichtigen die soziale Sicherheit und Chancengleichheit der in Österreich lebenden Menschen als eigenständige Ziele. Vor Beschluss eines Gesetzes wird geprüft, wie sich dieses auf die soziale Lage der Betroffenen, die Gleichstellung von Frauen und Männern und den gesellschaftlichen Zusammenhalt auswirkt (Sozialverträglichkeitsprüfung). Die Absicherung im Fall von Krankheit, Unfall, Behinderung, Alter, Arbeitslosigkeit und Armut erfolgt solidarisch durch öffentlich-rechtliche soziale Sicherungssysteme. Die Finanzierung der Staatsausgaben orientiert sich am Grundsatz, dass die in Österreich lebenden Menschen einen ihrer wirtschaftlichen und sozialen Lage angemessenen Beitrag leisten." „

Sozialstaatsvolksbegehren 2002

Eines der ersten großen Projekte Hans Riedlers in der Alterspension war das Engagement für das Sozialstaatsvolksbegehren im Jahr 2002. Hans Riedlers Position als Unabhängiger war für die Initiatoren verlockend. Bald fungierte er als Oberösterreich-Koordinator des Volksbegehrens. Die im Volksbegehren geforderte Verankerung des Sozialstaats in der Verfassung und die Einführung einer Sozialverträglichkeitsprüfung von Gesetzen waren wichtige Anliegen. Ein Sozialstaatskalender mit aufklärenden Texten und Statistiken über den Sozialstaat wurde aufgelegt.

Die Unterstützung des Volksbegehrens durch kirchliche Personen und Gruppen hatte Proteste ausgelöst, weil es neben einer Vielzahl von politisch unterschiedlichen gesellschaftlichen Organisationen auch von der SPÖ unterstützt wurde. Es sei nicht Aufgabe der Kirche, hieß es, einer politischen Partei zuzuarbeiten. Hans Riedler hingegen meinte: „Christ-Sein bedeutet auch politisch zu sein. Ein Christ kann nicht neutral sein, er muss Position beziehen." Landeshauptmann Josef Pühringer war von der bunten Koalition sozialpolitischen Engagements ebenfalls wenig begeistert und verwies auf den bestehenden hohen Stellenwert der Sozialpolitik in Oberösterreich.

Bericht über das Volksbegehren in den Oberösterreichischen Nachrichten vom 12. April 2002

Das Volksbegehren erreichte in Oberösterreich rund 250.000 Unterschriften (in Österreich insgesamt etwa 720.00). Das sind etwa 15 Prozent der Wahlberechtigten. Als „Plattform Sozialstaat Österreich" setzte man aber auch nach dem Volksbegehren die Aktivitäten fort.

Veranstaltung im Betriebsseelsorgezentrum der Voest

„Wir sitzen alle in einem Boot: Die einen rudern und die anderen angeln."

Entwicklungspolitisches Engagement – Südwind Oberösterreich

Dass soziale und wirtschaftliche Gerechtigkeit globale Dimensionen haben, weiß Hans Riedler spätestens seit seiner Teilnahme am Weltrat der KAJ 1969 in Beirut. Die KAJ war sehr früh eine jener kirchlichen Organisationen, die internationale Solidarität praktizierte.

Lehrgangsleiterinnen mit Dir. Wilhelm Achleitner

Vor einigen Jahren trat Harald Wildfellner, der Vorsitzende des oberösterreichischen Regionalvereins „Südwind"[64] an Hans Riedler heran, im Vorstand des überparteilichen und überkonfessionellen Vereins mitzuarbeiten. Hans Riedler, der von der Kompetenz und vom Engagement Südwinds für die globale Dimension sozialer und wirtschaftlicher Gerechtigkeit beeindruckt ist, sagte zu.

Vorbereitung auf Berlinfahrt 10. bis 12. Mai 2011

Gerne stellt er mit seiner Mitarbeit für den Verein den Kontakt zu kirchlichen Organisationen her. Ein konkretes Beispiel dafür war zuletzt die Mitarbeit bei der Planung und Werbung für den von der EU geförderten Lehrgang für Entwicklungsförderung mit dem Titel „Mit uns für eine gerechtere Welt", der zusammen mit Deutschland und Ungarn hauptsächlich im Bildungshaus Schloss Puchberg stattfand. Hans Riedler gelang es, für den Lehrgang mit fünf Modulen etwa ein Drittel der insgesamt 24 TeilnehmerInnen aus dem kirchlichen Umfeld zu gewinnen.

Stadtführung zu historischen Orten in Linz, am 23. März 2011

[64] Der Bundesverein „Südwind" Entwicklungspolitik ging als eine Neugründung nach der im Jahr 1979 eingestellten Tätigkeit des österreichischen Jungendrats für Entwicklungshilfe (Bundesjugendring) hervor. Der überparteiliche und überkonfessionelle Verein trug zuerst den Namen „Österreichisches Institut für Entwicklungszusammenarbeit (ÖIE)", der 1997 die derzeitige Bezeichnung „Südwind" Entwicklungspolitik erhielt. Gleichzeitig wurde vom Bundesverein als operative Basis auch die Agentur „Südwind" gegründet. Neben dem Bundesverein gründeten sich in den Bundesländern Regionalvereine mit eigenen Statuten.

KAJ – Spurensicherung

Ausgangspunkt für das Projekt war – wieder einmal – eine Anregung Josef Mayrs. Josef (Joe) Mayr äußerte im Jahr 2006 gegenüber Hans Riedler, man müsse dringend mit einem der ersten KAJ-Diözesanseelsorger, Johann Weidinger (*1915), damals im 92. Lebensjahr, über seine Erinnerungen an die Anfänge der KAJ sprechen, ehe es zu spät sei.[65] Hans Riedler nahm den Impuls auf. Er führte ein ausführliches Gespräch mit Weidinger, das auch aufgezeichnet wurde. Bei diesem Gespräch wurde Hans Riedler klar, dass sicher auch viele andere ehemalige oberösterreichische KAJisten der ersten Jahrzehnte Interessantes zu erzählen hätten.

Im Jahr 2007 wurden daher vom Cardijn-Verein acht regionale Spurensicherungs-Abende durchgeführt (vier in Linz und je einer in Wels, Steyr, Salzkammergut und Lenzing-Vöcklabruck). Zahlreiche ehemalige KAJ-Ver-

KAJ-Spurensicherung im Betriebsseminar am 27. September 2007

[65] Johann Weidinger starb am 24. April 2013 in Linz.

antwortliche erinnerten sich dabei an prägende Erlebnisse von den frühen Nachkriegsjahren bis in die 1970er-Jahre, zu denen auch die Begegnung mit Kardinal Joseph Cardijn, Wallfahrten und vieles mehr zählten.

Die Absicht, eine CD mit den Aufnahmen der Gespräche zur Verbreitung zu bringen, wurde schließlich verworfen und die Idee eines Buches geboren. Dazu wurden alle Gespräche von ehrenamtlichen ehemaligen KAJistinnen transkribiert. Zusätzlich zu diesen aufgezeichneten Gesprächen stellten 24 ehemalige KAJisten und KAJistinnen ihre Erinnerungen schriftlich zur Verfügung.

Buchpräsentation am 14. November 2012; v.l.n.r.: Helmut Wagner, Josef Mayr, Maximilian Aichern und Hans Riedler

Das Buch mit dem Titel „… mehr wert als alles Gold der Erde. Anfänge und Entwicklung der Katholischen Arbeiter- und Arbeiterinnenjugend in der Diözese Linz", herausgegeben von Josef Mayr, Hans Riedler und Helmut Wagner, erschien im Wagner Verlag und wurde im November 2012 im Cardijn-Haus in Linz vor mehr als 200 anwesenden ehemaligen KAJisten und KAJistinnen der Öffentlichkeit präsentiert.

Zur Buchpräsentation sind viele PionierInnen der KAJ gekommen

„**Jeder Mensch** ist mehr wert als alles Gold der Erde."

nach Joseph Cardijn

Die Theologie Hans Riedlers

Ist Hans Riedler ein Theologe? Die Fragestellung mag angesichts der beruflichen Tätigkeit Hans Riedlers verwundern. Aus der Sicht Joseph Cardijns, aus Sicht des Zweiten Vatikanischen Konzils und aus der Perspektive neuerer Ansätze der Philosophie und Theologie wird aber klar: Philosophie/Theologie ist nicht ein exklusives Geschäft des theologisch ausgebildeten Klerus. Jeder Mensch, der über Fragen des Lebens bzw. Glaubens konsequent nachdenkt, ist ein Philosoph bzw. ein Theologe. Das gilt umso mehr für KAJistInnen, deren Rundenarbeit immer auch Bibellektüre enthielt.

Fürbitten bei der Hochzeit von Maria und Franz Dürr, 15. September 2012

Welche theologischen Erkenntnisse liegen dem Handeln Hans Riedlers zugrunde und wo sind sie in seinem Reden und Tun ablesbar?

- Im wahrsten Sinn grundlegend für die Theologie Hans Riedlers wurde die Theologie Joseph Cardijns, des Gründers der Weltbewegung der Katholischen Arbeiterjugend. Gemeint ist der von Cardijn in der Geschichte des Christentums erstmals in der Seelsorge angewandte theologische Begriff der Würde des Menschen (als geliebtes Geschöpf Gottes). Cardijn übersetzte: „Jeder junge Arbeiter/Arbeiterin ist mehr wert als alles Gold der Erde!" Hans Riedler erlebte diese Wertschätzung durch andere KAJisten und Seelsorger in seiner Jugendzeit selbst und wurde so für sein ganzes Leben motiviert, diese Wertschätzung anderen zu vermitteln. Davon zeugt sein Engagement als Aktivist in der KAJ, seine hauptberufliche Tätigkeit in KAJ und KAB und davon zeugt auch seine Leidenschaft beim Einsatz gegen Arbeitslosigkeit und für Menschen in sozialer Armut.

- Schon seit der Vorbereitung der Themen für den KAJ-Kongress 1971 in Innsbruck, vor allem aber seit Hans Riedlers Tätigkeit in der Bischöflichen Arbeitslosenstiftung und der damit verbundenen Vernetzung mit Sozialprojekten, wird die in dieser Zeit immer gängiger werdende Verbindung der KAJ zur Theologie der Befreiung deutlich. Ob bei der Frage der Arbeitslosigkeit oder bei Menschen, die von sozialer Armut betroffen sind – es geht mit dem Aufzeigen des Gesehenen um nichts weniger als um die Anwendung des Dreischritts Joseph Cardijns „Sehen-Urteilen-Handeln". Dabei fällt das Naheverhältnis zwischen der Arbeitweise Cardijns und der durch die Sozialwissenschaften aufkommenden Methode der empirischen Forschung als ersten Schritt

Vorstellung der neuen VertreterInnen der Samstaggemeinde im Rahmen einer Wortgottesfeier (2012)

der Ursachenforschung auf. Diese wissenschaftliche Methode des „Sehens" und Fündigwerdens in den gesellschaftspolitischen Strukturen fand auch Eingang in der Theologie der Befreiung. Strukturelle Sünden aufzuzeigen, das Unrecht bei Menschen mit weniger Teilhabechancen zu erkennen und Akte des christlichen Engagements zu setzen – diese Vorgangsweise folgt präzise dem Dreischritt Cardijns. Hans Riedler schreibt sich in seinen zahllosen Leserbriefen die Finger wund, um angesichts sozialer Missstände argumentativ für die biblisch begründete Gerechtigkeit und Würde des Menschen einzutreten. Der dem Sehen und Urteilen folgende dritte Schritt, das Handeln, muss bei Hans Riedler hier nicht explizit ausgeführt werden. Seine Praxis ist von schier beispielloser Ausdauer geprägt. Biografisch chronologisch gesehen reicht sie von der Jugendphase als Aktivist in der KAJ über die berufliche Phase im kirchlichen Dienst bis in die Zeit des ehrenamtlichen Engagements seit der Pensionierung. Die Lebensphasen wechselten, die Tätigkeit blieb dieselbe. Oder wie Ernst Aigner über Hans Riedler sagte: „Der Bischof der Arbeitslosen!"

- Untersucht man die Ansprachen Hans Riedlers, die er bei Gottesdiensten, KAB-Runden oder sonstigen Veranstaltungen gehalten hat, finden sich Bezüge, die das oben Gesagte in biblischer Hinsicht präzisieren. In einem Gottesdienst in der Pfarrkirche St. Konrad am 1. Mai 1994 führte Hans Riedler zum Gleichnis der Brotvermehrung aus: „Der zweite Impuls in den Schrifttexten heißt Teilen. Teilen von Einkommen und Arbeit. In der Diskussion, die Jesus vor der Brotvermehrung mit den Jüngern führt, reden die Jünger vom Brotkaufen, Jesus aber vom Geben und Teilen. Die Jünger vertrauen auf den Markt: Brot für Geld. Sie kommen auf keine andere Idee. Jesus hingegen leitet sie an zu teilen – und siehe da, das Wunder geschieht: alle werden satt! Wir müssen bereit sein, Arbeit und Einkommen gerechter zu verteilen."

In einer Ansprache im Gottesdienst in der Pfarre St. Magdalena 2006 bezieht sich Riedler mit seiner Antwort auf die Frage, was Christen gegen Arbeitslosigkeit tun können, auf die Lesung, in der es heißt: „Wenn nun einer einen irdischen Besitz hat, seinen Bruder oder seine Schwester Not leiden sieht, aber sein Herz verschließt, wie kann Gottes Liebe in ihm bleiben? Meine Kinder, lasst uns nicht mit dem Wort oder mit der Zunge lieben, sondern mit der Tat und in der Wahrheit."

- Die so begründete Theologie Riedlers ist letztlich auch in den Dokumenten des Zweiten Vatikanischen Konzils begründet. Wenn das Konzil feststellt „Freude und Hoffnung, Trauer und Angst der Menschen von heute, besonders der Armen und Bedrängten aller Art, sind auch Freude und Hoffnung, Trauer und Angst der Jünger Christi" (Gaudium et Spes, 1), dann leitet sich daraus eindeutig das christliche Engagement in der heutigen Welt ab. Dann steht aber auch das Engagement der KAJ/KAB und von Hans Riedler auf zentralem kirchlichen Boden. Papst Franziskus bürgt für diesen ekklesiologischen Ansatz mit seiner im Vorkonklave gehaltenen Rede. Er sagte: Die Kirche „ist aufgerufen, an die Peripherie zu gehen. Nicht nur an die geografischen Ränder, sondern an die Grenzen der menschlichen Existenz: die des Mysteriums der Sünde, die des Schmerzes, die der Ungerechtigkeit, die der Ignoranz, die der fehlenden religiösen Praxis, die des Denkens, die jeglichen Elends".

> „Meine Kinder, lasst uns nicht mit dem Wort oder mit der Zunge lieben, sondern mit der Tat und in der Wahrheit."

Weihnachtsgottesdienst 1999

Erweiterte Dimensionen des Lebens

Opa-Sein macht viel Freude

Am 1. August 2006 war es soweit – mit großer Freude haben wir per SMS von der Geburt unserer ersten Enkelkinder, den Zwillingen Luisa und Luca, erfahren. Wir waren sehr, sehr glücklich und dankbar, dass sie gesund zur Welt kamen. Nun sind sie bereits sieben Jahre alt und es baut auf, wenn sie unisono feststellen „Opa macht die besten Pala" oder Luca ohne Aufforderung fragt: „Opa, magst a Bier?"

Opa mit den erstgeborenen Enkelkindern Luisa und Luca

„Wenn ein Enkelkind geboren wird, hört die Erde einen kurzen Moment auf sich zu drehen und der Mond hält den Atem an." Dieser von mir etwas abgewandelte Text auf der Einladung zur Taufe von Valentina – geboren am 30. Jänner 2010 – drückt für mich als Opa sehr gut mein Empfinden nach der Geburt jedes unserer insgesamt sechs Enkelkinder aus: „Ein neuer Stern erscheint am Himmel."

„Nimm ein Kind an die Hand und lass dich von ihm führen. Betrachte die Steine, die es aufhebt und höre zu, was es dir erzählt. Zur Belohnung zeigt es dir eine Welt, die du längst vergessen hast." Diese Gedanken anlässlich der Taufe von Martha – geboren am 23. März 2012 – beinhalten ein Staunen sowie eine große Bereicherung und Freude bei allen Begegnungen. Eine neue Qualität bricht durch, die bei den eigenen Kindern anders und aus verschiedenen Gründen nicht immer so intensiv erlebt werden konnte.

Annika ist am 26. Juni 2012 im Zeichen des Apfelbaumes geboren und man sagt, Apfelbaummädchen sind sehr liebevoll und haben eine leuchtende Seele. „Gott träumt in dir und in jedem Kind den Traum der Liebe, ein Stück Himmel wacht auf, Hoffnung blüht, Zukunft wächst und unsere Erde wurde durch dich neu" – für viele Menschen, besonders auch für deine Omas und Opas.

Michael mit seinen afrikanischen Wurzeln, Sonnenschein seiner Eltern Faith und Samuel, wurde am 7. April 2010 in unsere Familie mit großer Herzlichkeit aufgenommen – er belebt unsere Großfamilie sehr.

Luisa, Luca und Valentina, unsere drei ältesten Enkelkinder, wünschen sich bereits immer öfter, einen Film von ihnen, etwa als sie noch Babys waren, anschauen zu dürfen. Das freut den Opa besonders, denn er verwendet viel Zeit für die über jedes Enkelkind erstellten Filme – bisher pro Lebensjahr und Enkelkind je einen mit je 50 bis 100 Minuten. Es ist für mich faszinierend, die Entwicklung eines Kindes anhand der Filme bewundern zu können.

Luisa und Luca, Valentina, Annika, Martha und Michael sind für uns ein „Geschenk des Himmels" und eine große Bereicherung – sie machen uns viel Freude.

Opa mit ...
1 ... Valentina
2 ... Martha und Oma
3 ... Annika
4 ... Michael
5 ... Luisa und Luca

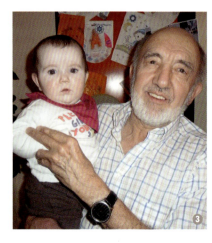

1 Tochter Claudia mit Andreas, Luisa und Luca
2 Martha
3 Wahlsohn Samuel, Faith und Michael
4 Sohn Florian mit Marlene und Martha
5 Valentina und Annika
6 Sohn Michael mit Karo, Valentina und Annika

Ganz BIO!
Gartenhaus in der Kleingartenanlage Riesenhof

Viele angehende Pensionisten träumen vom beschaulichen Aufenthalt in der Natur. Sie freuen sich auf die Muße der Gartenarbeit und den Genuss der selbst angebauten und geernteten Früchte.

Das war bei Hans Riedler nicht anders, als er die Alterspension antrat. Er schaffte sich mit der ausbezahlten Abfertigung ein 20 Quadratmeter großes Gartenhaus an, das er im Jahr 2001 in der neu angelegten Gartenanlage Riesenhof auf einer 250 Quadratmeter großen, gepachteten Parzelle errichtete.

Auf Gartenbeeten wächst Gemüse und gedeihen Kräuter, Ribiselsträucher stehen hinter den Gemüsebeeten. Eva ist für den Blumenschmuck

Riedlers Gartenhaus

zuständig. Zwei Weinstöcke ranken an den Pfeilern der Terrasse in die Höhe. „Ein kleines Paradies für die Städter"[66] titelte ein Zeitungsbericht. „Es ist herrlich"[67], sagte Hans Riedler dem Journalisten im Interview.

Herrlich sind auch die kulinarischen Köstlichkeiten, die aus den Früchten des Gartens entstehen. Marmeladen und Säfte sind Spezialitäten des Hauses und werden von Hans Riedler selbst gemacht. Äpfel und Zwetschken trocknet er mit dem eigenen Dörrautomaten – und bietet sie bei vielen Gelegenheiten an. Nicht aus dem Garten, aber aus den Bergen sind die Zirben, aus denen er feinsten angesetzten Schnaps zubereitet. Auch den bekommt man oft serviert, wenn man bei den Riedlers auf Besuch ist – sei es in der Wohnung oder eben im Gartenhaus.

Vereinsobmann Hans Riedler in Aktion beim Sommerfest 2005

Zahlreiche BesucherInnen konnten in den vergangenen Jahren bereits im Grünen begrüßt werden. Aber es wäre nicht Hans Riedler, wenn er nicht schon 2002 zum Obmann des 64 Häuschen umfassenden Kleingarten-Dorfes gewählt worden wäre und diese Funktion sieben Jahre lang ausgeübt hätte. Während dieser Zeit blieb ihm angesichts seines zusätzlichen sozialen Engagements nicht übertrieben viel Zeit für Muße. Für die restlichen Parzellen mussten PächterInnen gefunden, ein Parkplatz, interne Verbindungswege und ein Vereinshaus errichtet werden, das von Voest-Pfarrer Rupert Granegger gesegnet wurde. Zudem hatte Hans Riedler immer wieder auftretende Konflikte zwischen den Gartennachbarn zu schlichten.

[66] **OÖN, Datum unbekannt.**
[67] **Ebd.**

Gipfelsieg! – Besteigung des Großglockners

Schon im Alter von 20 Jahren war Hans Riedler mit einer KAJ-Runde auf dem Großglockner. Das war die große Blütezeit der KAJ, in der den KAJisten kein Weg zu weit und kein Berg zu hoch war.

Angeblich – so Hans Riedler – hat er bei seinen Kindern irgendwann einmal anklingen lassen, gerne noch einmal den Großglockner besteigen zu wollen. Gesagt, getan. Seine vier Kinder schenkten ihm 2008 zum 70. Geburtstag eine „Glocknerbesteigung, all inclusive". Die beiden Söhne Michael und Florian nahmen den Vater dann konkret beim Wort und bereiteten das Alpinprojekt systematisch vor. Wegen einer Erkrankung und terminlichen Problemen musste das Vorhaben zunächst verschoben werden. Schließlich nahmen die Riedler-Männer einen neuen Anlauf. Es wurde Kondition trainiert. Ein eigenes Gletschertraining wurde organisiert. Und Berge wie der Traunstein und der Dachstein wurden zwecks Vorbereitung bestiegen.

Am 17. August 2011 war es dann soweit. Mit Sohn Michael als Bergführer erreichte die Riedler-Seilschaft Hans, Florian und Michael bei schönstem Wetter den Gipfel des höchsten Berges Österreichs. Ein beachtlicher Gipfelsieg, im Alter von 73 Jahren!

Marokko, Oktober 2007

Welt erkunden

Für Reisen in andere Länder und Kontinente fehlten der Familie Riedler in früheren Jahren die Voraussetzungen, angesichts von vier Kindern vor allem das Geld und berufsbedingt auch die Zeit. Berufsbezogene Auslandsreisen gab es für Hans Riedler zwar, diese waren aber meist mit Arbeitssitzungen und Konferenzterminen verplant (Beirut, Moskau, Rom, Helsinki, ...).

Hans Riedler reist zwar gerne, er ist aber – wie er selbst sagt – kein Reisemanager. Außerdem ist sein Orientierungssinn nicht sehr ausgeprägt. Hans und Eva Riedler freuen sich daher über mehrere gute Freunde, die auch gerne reisen, bestens organisieren und sich freuen, wenn sie mitmachen. So haben sie in den vergangenen Jahren bereits an mehreren sehr schönen Reisen teilgenommen; einerseits mit den Junggebliebenen der KAB (organisiert von Kurt Rohrhofer und Cornelia Binder) in zahlreiche europäische Länder, andererseits mit dem Reisebüro „einfach unterwegs" von Inge Sohm und guten FreundInnen in verschiedene afrikanische und asiatische Länder.

Wanderungen gab es in der Familie Riedler schon mit den Kindern. Seit dem Pensionsantritt wandern Hans und Eva Riedler mindestens einmal jährlich einige Tage mit FreundInnen der beiden Familienrunden (KAB und Freitagrunde).

2006 wurden sie in eine weitere, bereits seit vielen Jahren bestehende Wandergruppe aufgenommen. Mit ihr gibt es Tagestouren und eine inzwischen zur Tradition gewordene Wanderwoche im Herbst.

Von den Wanderungen und Reisen gibt es inzwischen viele Fotos und Filme. Dieses Hobby macht Hans Riedler großen Spaß, erfordert Kreativität und vor allem aber auch viel Zeit. Das positive Echo der „DarstellerInnen" motiviert ihn, damit noch nicht so schnell aufzuhören.

1 Island, 2013
2 Prag, 2009
3 Tirol, 2008
4 Valle Maira, 2012
5 Tansania, Mai 2009
6 Rechberg, Silvester 2011
7 Baltikum, 2004
8 Bulgarien, 2008
9 Gosaukamm, 2009
10 Nepal, 2006
11 Weißbriach, 2009
12 Jakobsweg, 2005
13 Mali, 2010
14 Tirol, 2008
15 Kambodscha, 2011
16 Mühlviertel, April 2012
17 Südtirol, 2010
18 Mali, 2010
19 Rügen, 2012
20 Segway, 2011

Zeichen der Anerkennung

Auszeichnungen

Für jemanden, der sich für Menschen mit geringeren Teilhabechancen in der Gesellschaft einsetzt, gibt es verschiedene Arten von Rückmeldung. Die schönste Rückmeldung ist vielleicht die von den Betroffenen selbst; das Gefühl, jemand eine neue Perspektive gegeben zu haben. Zwei Beispiele sollen dies verdeutlichen: Rainer (47) hat nach einem halben Jahr Beschäftigung in der Fahrradwerkstatt des „B7" Arbeit bei einer großen Sporthandelskette als Mechaniker gefunden. Rainer: „Ohne das B7 hätte ich das nicht bekommen. Es war für mich wichtig, wieder eine Aufgabe zu haben und das Gefühl zu entwickeln, doch noch gebraucht zu werden."[68]

Frieda (57) sagt über das „B7": „Es ist mir schon lange nicht mehr so gut gegangen." Sie ist nach eigenen Angaben selbstbewusster und sicherer geworden, traut sich nun einfach mehr zu.[69]

Auch die Angestellten des „B7" bedankten sich im Jahr 2002, als Hans die Obmannstelle zurücklegte, mit Worten der Anerkennung: „Lieber Hans! Du hast einen wesentlichen Grundstein für ein gutes Miteinander und ein positives Betriebsklima gelegt und entscheidend zu unserer Vereinskultur beigetragen. Trotz vieler erschwerender Umstände wie der Tatsache, dass wir mit jedem Jahr größer geworden sind und immer mehr BeraterInnen zu arbeiten begonnen haben, hast du dir stets Zeit für uns genommen und war dir der persönliche Kontakt zu jedem einzelnen von uns wichtig."[70]

Wir freuen uns...
Zum zweiten Mal wurde im Herbst 1996 der Solidaritätspreis der Kirchenzeitung vergeben. Ziel dieses Preises ist, Menschen, die sich in besonderer Weise um andere annehmen, auszuzeichnen. Eine große Freude für die Bischöfliche Arbeitslosenstiftung war das Ergebnis der heurigen Juryentscheidung. Hans Riedler, der langjährige Geschäftsführer der Stiftung und Obmann der Arbeitsloseninitiative B 7, war unter den Ausgezeichneten. Er bekam für sein Engagement eine Anerkennungsurkunde und einen Geldpreis verliehen. Die Ehrung wurde in Anwesenheit von mehreren KollegInnen und Bekannten am 24. Oktober d. J. von Bischof Maximilian Aichern und Soziallandesrat Josef Ackerl im Steinernen Saal des Landhauses vorgenommen. Hans Riedler meinte, daß er die Auszeichnung nur stellvertretend für die vielen Menschen entgegennehme, die sich ebenfalls für und mit arbeitslosen Personen engagieren.

„Deine 'MitkämpferInnen' in der Arbeitslosenstiftung gratulieren Dir dennoch auch persönlich zu dieser Ehrung, die Du wahrlich verdient hast. Wir wünschen Dir weiterhin Elan und die notwendige Kraft für Deinen Einsatz im Interesse der Arbeitslosen."

Kurt Rohrhofer

---

[68] B7 Journal Nr. 67, Dezember 2007, S. 3.
[69] Ebd.
[70] Manuskript mit dem Titel „Ein Danke des B.A.G und B.A.M. an dich lieber Hans für die Obmannschaft in unserem Verein" 2002. S. 2, Privatarchiv Hans Riedler.

137

Menschenrechtspreis, Dezember 2009

Eine andere Form der Rückmeldung ist die offizielle, institutionell ausgedrückte Anerkennung. Sie wird meist durch Ehrungen und Auszeichnungen an Einzelpersonen entweder für sie selbst oder für die Institution, in der sie tätig sind, zum Ausdruck gebracht.

1 Goldenes Verdienstzeichen des Landes Oberösterreich, Juni 2001

2 Humanitätsmedaille der Stadt Linz, Oktober 2001

Hans Riedler wurde für sein Engagement mehrfach von Land, Stadt, Gewerkschaft und von der Kirche ausgezeichnet. Er reklamiert diese Auszeichnungen nicht für sich selbst, sondern sieht sie vor allem als Anerkennung für jene Einrichtungen und für jene MitarbeiterInnen und KollegInnen, in und mit denen er jeweils im Dienst sozialer Gerechtigkeit tätig war.

- Land Oberösterreich für Verdienste in der Jugendarbeit (1989)
- Solidaritätspreis der Linzer Kirchenzeitung (1996)
- Humanitätsmedaille des Landes Oberösterreich (1998)
- Humanitätsmedaille der Stadt Linz (2001)
- Goldenes Verdienstzeichen des Landes Oberösterreich (2001)
- Ernennung zum Konsulent für Soziales des Landes Oberösterreich (2001)
- Menschenrechtspreis des Landes Oberösterreich (2009)

Es wäre nicht Hans Riedler, wenn er diese Verleihungszeremonien nicht genutzt hätte, neben Worten des persönlichen Dankes an die Festgäste einige wichtige soziale Anliegen anzusprechen. Als ihm 2009 der Menschenrechtspreis verliehen wurde, ergriff er die Gelegenheit, um auf das Schicksal von Samuel Malwal, dessen Zukunft damals noch völlig offen war und der damals weder Aufenthaltsbewilligung noch humanitäres Bleiberecht hatte, aufmerksam zu machen. Nachdem er in kurzen Worten dessen Situation geschildert hatte, schloss er mit den Worten: „Diese konkreten Erfahrungen mischen sich in die Freude über den mir verliehenen Menschenrechtspreis. Ich und viele Menschen mit mir – besonders jene mehr als 1.700 Menschen, die für Samuel eine Solidaritätsunterschrift geleistet haben – wir alle geben die Hoffnung nicht auf, dass Humanität in Österreich kein Fremdwort wird."[71]

[71] Dankesrede anlässlich der Verleihung des Menschenrechtspreises des Landes Oberösterreich 2009, Privatarchiv Hans Riedler.

Artwork in Acryl, von Werner Andraschko und Eva Maria Litringer:
Porträt Hans Riedler, zum 70. Geburtstag, 2008

Anhang

Literaturverzeichnis

SPRICKLER, Elisabeth: Schriftlicher Bericht, zitiert aus: Hans Riedler: Dankbar blicke ich auf 70 Jahre zurück, 2005, Privatarchiv Hans Riedler

ANTONY, Bernhard (Hg.): zur Arbeiterschaft – zur Arbeitsbewegung entschieden. 100 Jahre Joseph Cardijn, Mainz 1982

B7 Journal Nr. 67 (1997), S. 2

Bischöfliches Bestellungsdekret Hans Riedlers zum Diözesansekretär, 1964, Privatarchiv Hans Riedler

Codex Juris Canonici online, http://www.codex-iuris-canonici.de/indexdt.htm

Infos. Bischöfliche Arbeitslosenstiftung (Bilder sagen mehr als Worte), Nr. 49 (2001) S. 4

Interesse Jg. 1992, o. Nr., S. 7

Linzer Kirchenzeitung Nr. 14, 2.4.1987, S. 5

Linzer Kirchenzeitung Nr. 46 (2009), S. 10

Linzer Kirchenzeitung Nr. 50 (1989), S. 5

Linzer Kirchenzeitung Nr. 40 (1988), S. 3

Linzer Kirchenzeitung Nr. 14 (2008), S. 10

Linzer Rundschau Nr. 25 (11.6.1987), S. 5

MLITZ, Andrea: Dialogorientierter Journalismus, Konstanz 2008, S. 13

Oberösterreichische Nachrichten Nr. 44, 23.2.1988, S. 3

Österreichisches Netzwerk gegen Armut und soziale Ausgrenzung, Protokoll der konstituierenden Versammlung vom 15.3.1996

Privatarchiv Hans Riedler

Protokoll der Vorstandssitzung Forum Kirche und Arbeitswelt vom 10. Oktober 1995, Privatarchiv Hans Riedler

RIEDLER, Hans: Dankesrede anlässlich der Verleihung des Menschenrechtspreises des Landes Oberösterreich 2009, Privatarchiv Hans Riedler

RIEDLER, Hans: Meine Zwischenbilanz nach 47 Jahren Erwerbstätigkeit oder „Wer keine Erinnerungen hat, hat keine Zukunft" (Rede beim „Zwischenbilanz"-Fest anlässlich seines Eintritts in die Alterpension), 2000, Privatarchiv Hans Riedler

ROHRHOFER, Kurt: Schriftliche Mitteilung (E-Mail) an Hans Riedler vom 23.4.2012, Privatarchiv Hans Riedler

Statistik Austria: Eintritt junger Menschen in den Arbeitsmarkt, Modul der Arbeitskräfteerhebung 2009, Wien 2010, S. 28, www.statistik.at/dynamic/wcmspred

STEGER, Gerhard: Marx kontra Christus, Wien 1983

SZYPULSKI, Anja: Gemeinsam bauen, gemeinsam wohnen, Wiesbaden 2008

Verein „Arbeitsloseninitiative B7": Chronologie der Ereignisse. Maßnahmen und -Verantwortliche 1984 – 2004, Linz 2004 (Privatarchiv Hans Riedler)

WAGNER, Helmut: Die Anfänge der KAJ. In: MAYR, Josef / RIEDLER, Hans / WAGNER, Helmut (Hgg.): ... mehr wert als alles Gold der Erde! Anfänge und Entwicklung der der Katholischen ArbeiterInnenjugend in der Diözese Linz, Linz 2012

WAIDHOFER, Michael: Gemeinschaftliches Wohnen. Die Qualität gemeinschaftlichen Lebens mehrer Familien. Evaluierung einer ungewöhnlichen Wohnform in einem Gemeinschaftsbau, Linz, Univ. Linz: Dipl.Arbeit, 2002, S. 123 – 130

Welt der Frau Nr. 4 (2004) S 35f

Welt der Frau Nr. 9 (1981) S. 10 – 13

www.kab.graz-seckau.at/chronik/ (1.4.2013)

www.kab/wien.at/grundsatzprogramm.neu.htm

ZeitZeichen Nr. 2 (2001) S. 14

Fotonachweis

Umschlag vorne:	Werner Andraschko
Umschlag hinten:	Wagner Verlag
S. 8, 49, 137:	Diözese Linz
S. 11, 136, 138:	Land OÖ.
S. 13:	Werner Andraschko
S. 63/64:	Verlag Welt der Frau
S. 71, 83, 103, 105, 112, 113, 115, 119, 122, 123:	Hannes Mittermair
S. 91:	Kurt Rohrhofer
S. 138:	Stadt Linz
S. 140:	Artwork: Werner Andraschko, Eva Maria Litringer
Alle anderen Bilder:	Privatarchiv Hans Riedler oder Archiv der Katholischen ArbeiterInnenjugend, der Katholischen ArbeitnehmerInnenbewegung der Diözese Linz, der Bischöflichen Arbeitslosenstiftung und der Arbeitsloseninitiative B7

Abkürzungsverzeichnis

Die Kurzformen der Ordensbezeichnungen bei den im Buch genannten Ordensmitgliedern wurden nicht in das Abkürzungsverzeichnis aufgenommen.

AK	Arbeiterkammer
AKH	Allgemeines Krankenhaus
ALOS	Arbeitslosenstiftung
BS	Betriebsseminar
B 7	Arbeitslosenprojekt „Bischofstraße 7"
BIKO	Bischofskonferenz
CAJ	Christliche Arbeiterjugend
CH	Schweiz
CIC	Codex Juris Canonici
EU	Europäische Union
JOC	Jeunesse Ouvrière Chrétienne
KAJ	Katholische ArbeiterInnenjugend
KAJÖ	Katholische ArbeiterInnenjugend Österreichs
KSÖ	Katholische Sozialakademie
LKZ	Linzer Kirchenzeitung
NAGDL	Neues Archiv für die Geschichte der Diözese Linz
NS	Nationalsozialismus
NSV	Nationalsozialistische Volkswohlfahrt
ÖGB	Österreichischer Gewerkschaftsbund
OÖN	Oberösterreichische Nachrichten
ORF	Österreichischer Rundfunk
ÖVP	Österreichische Volkspartei
SPÖ	Sozialdemokratische Partei Österreichs
STUWE (auch StuWe)	Studentenwerk (Jugendzentrum der Jesuiten)
VKB	Volkskreditbank

Josef Mayr / Hans Riedler / Helmut Wagner (Hgg.)

„... mehr wert als alles Gold der Erde"

Anfänge und Entwicklung der Katholischen Arbeiter- und Arbeiterinnenjugend in der Diözese Linz

Linz: Wagner Verlag 2012.
softcover, ca. 250 S., zahlr. Abbildungen
ISBN 978-3-902330-74-1
Preis: 21,00 Euro

Zum Inhalt:

Die Katholische Arbeiterjugend hat Generationen von Jugendlichen geprägt. Sie alle verbindet Joseph Cardijn, sie alle verbindet die Gemeinschaft der KAJ. Zur Dokumentation dieser bedeutsamen kirchlichen Epoche erzählen Verantwortliche und Angehörige der Gründergenerationen der KAJ. Das Buch bietet außerdem Kurzbiografien einiger oberösterreichischer Gründerpersönlichkeiten und berichtet über Ereignisse und Phänomene der Gründungsjahre. Herzstück des Buchs sind aber die persönlichen Erinnerungen der Aktivisten und Aktivistinnen. Ergänzt durch zahlreiche Fotografien zeugen sie von einem großen Aufbruch der Katholischen ArbeiterInnenjugend und der Kirche in der Mitte des 20. Jahrhunderts.